INDOMABLES

REGINA CARROT

INDOMABLES

Tu herida te convertirá en valiente

AGUILAR

Penguin
Random House
Grupo Editorial

Primera edición: septiembre de 2023

Copyright © 2023, Regina Carrot
Copyright © 2023, Penguin Random House Grupo Editorial USA, LLC
8950 SW 74th Court, Suite 2010
Miami, FL 33156

Aguilar es una marca de Penguin Random House Grupo Editorial.
Todos los derechos reservados.

Diseño de cubierta: Gabriela Guajardo
Fotografía de la autora: @gabyguajardo

Impreso en Colombia / *Printed in Colombia*

ISBN: 978-1-64473-853-5

23 24 25 26 27   10 9 8 7 6 5 4 3 2 1

*Para mi esposo Rubén, que ha sido
un apoyo incondicional en mi carrera y en la vida.
Y para mi hijita Regina, que es mi bebé
arcoíris y la luz de mi vida.*

Índice

INTRODUCCIÓN 11

CAPÍTULO 1. ¿Qué herida te convirtió en valiente? 15
    Hablemos de mi herida 15
    El dolor en tu vida 19
    Las heridas emocionales necesitan de un duelo 20
    ¿Existen varios tipos de heridas emocionales? 21
    El arte oriental para sanar las heridas emocionales 25

CAPÍTULO 2. Hay que perderse para encontrarse 29
    La pérdida 29
    El arcoíris después de la tormenta 34
    Perderse es una oportunidad 36
    La brújula en el camino 38

**CAPÍTULO 3. Lo que el fuego no destruye,
lo transforma** 43
    El Ferrari sucio 43
    Solo tú controlas lo que te afecta 44
    El síndrome del impostor 46
    Qué hay detrás y cómo dar un paso hacia adelante 49

CAPÍTULO 4. Enciende tu fuego interior 53

El defecto que se convierte en superpoder 53

Tus decisiones cambiarán tu vida 58

CAPÍTULO 5. Las excusas que te dices 63

Vencí mis excusas y gané mi sueño 63

Las excusas son un disfraz del miedo 65

Nunca es tarde para volver a empezar 68

CAPÍTULO 6. La radiografía del superhéroe 75

¿Qué tienes y qué te falta para ser un superhéroe? 75

Superhéroes humanos 78

Sé diferente a los demás 80

CAPÍTULO 7. ¿Cuál es tu kryptonita? 85

Los roles que te controlan 85

El exceso de pasado y de futuro 90

Los villanos de tu historia 93

CAPÍTULO 8. La ley de la atracción y la abundancia 99

Convence a tu mente de que sí puedes 99

Las diez mil horas de la abundancia 102

La bola de cristal 104

Afirmaciones para que atraigas la abundancia 105

CAPÍTULO 9. Corazón valiente 109

Fallar para encontrar la valentía 109

El miedo como un motor 112

Los sentimientos no están escritos en piedra 114

CAPÍTULO 10. Enciende tu antorcha. ¿Cuál es tu superpoder? 119

El fuego de la fe 119

Los tipos de superpoderes 121

Sin miedo a ser único 124

CAPÍTULO 11. Cómo compartir tu superpoder con el mundo **129**

Mentores en el camino **129**

Prueba tu superpoder **132**

Tu *ikigai* **137**

CAPÍTULO 12. ¡A volar, el mundo te necesita! Tu misión de vida **141**

Una cadena de favores para salvar el mundo **141**

El reto de creer en tu misión de vida **144**

Que nadie te corte las alas **147**

CAPÍTULO 13. Los cinco pilares de tu fuerza interior **151**

Gratitud **151**

Manejo de miedos **154**

Propósito **157**

Autenticidad **158**

Relaciones indomables **159**

CAPÍTULO 14. Tu equipo de superhéroes, tus aliados .. **165**

Las personas son bendiciones o aprendizajes **165**

Rodéate de estos cinco tipos de personas **167**

CAPÍTULO 15. Herramientas para potenciar tu superpoder **177**

Meditación diaria para tener abundancia en tu vida **178**

Reto de diez días para cambiar tu vida **179**

Contrato para seguir volando y ayudando al mundo con tu superpoder **182**

CAPÍTULO 16. Veredicto **185**

AGRADECIMIENTOS **189**

SOBRE LA AUTORA **191**

Introducción

Tengo que contarte algo que quizás ya sabías, pero que te estabas negando a admitir: nadie va a venir a salvarte. Sé que puedes sentirte perdido, derrotado y sin fuerzas. Sé que puedes pensar que todo te está saliendo mal, que no estás cumpliendo tus sueños y solo estás estancado en el mismo lugar. Lamentablemente, la vida no siempre es una película en la que los superhéroes vienen a rescatarnos de todos los males y, muchas veces, de nosotros mismos. Pero te tengo una noticia: tú puedes convertirte en tu propio superhéroe. Es más, ¡ya eres tu propio superhéroe!

Solo tienes que creértelo y encender tu superpoder interior para empezar a cambiar tu vida y el mundo a tu alrededor.

Sé que este no es un camino fácil. Créeme, ya pasé por allí. Pero precisamente porque pasé por allí y logré encontrar mi superpoder interior es que puedo decirte cómo transitar este camino y ayudarte. No va a ser fácil y tendrás que enfrentarte a muchísimos miedos... e incluso a ti mismo. Vas a tener que revivir esa herida que te cambió para que la conviertas en una fortaleza, en ese momento de quiebre que te volverá **indomable**. Seguramente te vas a perder por el camino, pero este libro y yo te vamos a dar las herramientas para que centres tus propósitos, para que entiendas que los obstáculos te transforman y para que te des cuenta de que tu fuego interior, tu superpoder, siempre ha estado allí, solo que quizás escondido detrás de tus miedos y tus excusas.

Ahora, no creas que todo acaba cuando entiendes que tienes un superpoder y la habilidad de salvarte a ti mismo. El camino de un superhéroe es mucho más arduo e implica tener una responsabilidad con las personas que te rodean. Pero para poder ayudar a los demás primero tienes que trabajar en ti mismo, así que te retaré a que identifiques cuáles son tus debilidades, tu kryptonita, pues solo de esa manera vas a saber qué evitar en tu vida y qué atraer a ella. Poco a poco te retaré a que tengas un corazón cada vez más indomable, uno que no tenga miedo de encender y potenciar ese superpoder que siempre estuvo oculto.

¿Y qué crees que pasa cuando ya eres consciente de tu propio superpoder y te has salvado a ti mismo? ¡Claro! Es hora de salvar y de ayudar a los demás. No puedes ser un superhéroe que ha sanado sus heridas, se vuelve egoísta y acapara su poder. Te voy a retar para que salgas al mundo y repliques todo lo que has aprendido, a que compartas tu superpoder con todos los que te rodean. ¡Esa es tu misión de vida! Entre todos podemos hacer que el mundo se llene de superhéroes y superheroínas.

Así que… ¿estás listo para dejar de esperar a que alguien te rescate, ser indomable y convertirte en el superhéroe de tu propia historia? ¡Vamos!

No veo mis poderes como un don para mí, sino para todo aquel que los necesite.

SUPERMAN

CAPÍTULO 1

¿Qué herida te convirtió en valiente?

HABLEMOS DE MI HERIDA

Si voy a darte herramientas de inteligencia emocional para identificar y superar tus heridas, tengo que comenzar por contarte sobre una de las que más me marcó y me transformó. Debo confesar que, por mucho tiempo, me repetí y me convencí de que el divorcio de mis papás no me había afectado. Y vaya que sí.

Como sabes, dedico mi vida a motivar a otras personas, a guiarlas en sus procesos y a ayudarlas con su autoestima. Siempre sentí que estaba muy segura de mí misma y de mis sentimientos, aunque reconociendo que me encontraba en un proceso constante de evolución. Pero nunca, hasta hace unos años, se me ocurrió autoexaminarme a conciencia y ahí fue cuando algo hizo clic dentro de mí. Descubrí que mi herida, esa que me convertiría en valiente e indomable, era una de abandono. Una herida que seguía sin sanar y que, casi sin ser consciente de ello, dictaba cómo actuaba yo en mi vida.

Mis papás se divorciaron en 1995, cuando yo tenía 7 años, una edad en la que yo era muy impresionable. Ellos, aparentemente, se llevaban bien y nos trataban a mí y a Cristy, mi hermana, como si fuéramos el motor de sus vidas. Siempre nos ayudaban en lo que necesitáramos y sé que nos aman muchísimo. Sin embargo, en esa época, los dos comenzaron a pelearse con mucha frecuencia. Y no sé si te ha pasado, pero recuerdo que sentía mucha angustia cuando teníamos que ir a algún evento social y ellos terminaban discutiendo y, obviamente, la gente los veía. Esa situación a mí me estresaba muchísimo y solo quería escapar de allí.

Tengo un recuerdo muy vívido de un día que pensé que iba a ser como otro cualquiera, pero al final no lo fue. Estábamos mi hermana y yo en nuestra casa de la calle Lázaro Garza Ayala de Monterrey y, de repente, nuestros papás nos dijeron que tenían que hablar con nosotras. Nos sentaron en el sofá y nos explicaron que se iban a separar. Justo después de eso, nos dijeron que nos querían mucho y que esa separación no iba a cambiar nada. Todo fue muy confuso para mí en ese momento, pues mi papá estaba llorando. Eso fue un gran choque porque yo siempre lo había considerado valiente y nunca lo había visto llorar. Además, los dos decían que no querían divorciarse, pero que tenían que hacerlo. Te juro que ese fue un evento muy traumático de mi niñez.

De repente, mi papá fue por sus cosas, porque ya tenía la maleta hecha, y me sentí como en una emboscada. Todo mi mundo se estaba derrumbando. Él nos prometió que nos visitaría y que siempre estaría presente. Y ese fue el primer momento en el que sentí esa herida profunda de abandono. ¿Por qué nos estaba dejando mi papá? ¿En dónde quedaban todas las comidas y momentos juntos? Para una niña, tener una figura paterna es muy importante porque es la que te ayuda a construir tu autoestima, a estar segura de ti misma. Pero yo me sentía muy sola. Y sí, lo veía solo los fines de semana porque él siempre estaba trabajando, pero nunca fue lo mismo.

Al final aprendí a crecer y a criarme en un matriarcado, en el que creo fervientemente hoy. Y, de hecho, ahora entiendo por qué soy tan "echada para delante". Después de sentir ese abandono e identificarlo, supe que yo misma tenía que salvarme y aprender a no depender de nadie para nada. Durante esa época, aunque mi mamá terminó bien con él, siempre fuimos muy conscientes de los temas del dinero. Mi papá solo nos podía dar lo mínimo y eso realmente no nos alcanzaba.

Tengo un recuerdo muy doloroso en el que veo a mi mamá llorando después de salir de un juicio porque allí se había acordado que mi papá solo nos daría lo mínimo. Más adelante, cuando la posición de él mejoró, nos fue dando más dinero, pero fueron momentos duros. A veces necesitábamos ir al médico, pero literalmente no teníamos cómo pagarlo. Esas heridas de abandono y de traición, a pesar de ser tan comunes, me crearon mucha ansiedad desde pequeña. Tenía mucho miedo de quedarme sola porque veía cómo mi mamá estaba obligada a tener dos trabajos para sacarnos adelante. Incluso yo actué en varios comerciales para ayudar con el tema del dinero.

Algo muy importante es que vivía en una sociedad de clase media alta, pero mi mamá nos envió a una escuela de clase alta porque siempre quiso lo mejor para nosotras. De hecho, yo tenía una beca por buenas calificaciones, pero eso los demás estudiantes lo veían mal. Así que allí, en la escuela, sentía que no pertenecía ni a un mundo ni al otro. Además, una de las políticas que tenía la escuela era que no te entregaban las calificaciones si no habías pagado la colegiatura. Una vez, el día de la entrega de las notas, cuando aún no tenía la beca, nos llamaron por nuestro nombre, pero al mencionar el mío dijeron que tenía que ir a la oficina porque no habíamos pagado. Daba igual que fuera muy aplicada y mis notas fueran de 95 hacia arriba: eso sucedió y todos me miraron; me sentí presionada y humillada.

Aunque mi mamá hacía todo lo que podía, a veces no era suficiente. La veía sufrir, batallar y pensar en cómo íbamos a hacer para llegar a la siguiente quincena. Todo lo que se ganaba se gastaba inmediatamente pagando cosas. "¿Qué quiere que haga?" era la respuesta de mi papá que no ayudaba en nada. Él también tenía una responsabilidad con nosotras y yo sentía que a veces nos dejaba de lado. Sin embargo, después de 25 años me di cuenta de que esa herida de abandono, de humillación y de miedo me convirtió en quien soy hoy. Si mis papás nunca se hubieran divorciado, quizás yo no sería tan persistente, tan constante, no tendría tanta hambre de vivir ni de hacer algo por mí misma. Si algo me enseñó toda esta experiencia fue a ser muy independiente desde pequeña, a no depender de nada ni de nadie.

De pequeña, la versión que me contaron es que habían llegado a un acuerdo para separarse, que era lo que ambos querían, así que no juzgué esa situación. Al final, si era lo mejor para ellos, pues estaba bien. Pero recientemente me enteré de que mi hermana tenía una versión muy diferente. Ella es tres años mayor que yo y recuerda muchísimo que mi papá repetía que no se quería divorciar. Cristy me contó que intentaron arreglarlo varias veces, pero nunca funcionó. Es curioso cómo las dos vivimos el mismo hecho y cada una lo interpretó a su manera. Yo siempre intenté proteger a mi mamá y defendí siempre nuestro matriarcado.

EL DOLOR EN TU VIDA

Las heridas no sanan de un momento a otro y estoy segura de que, si ahondas un poco, encontrarás ese dolor que cambió tu vida para siempre. Generalmente, esas grandes heridas que pensamos que han cicatrizado, pero que en realidad solo las hemos tenido escondidas debajo de una curita, se originaron en nuestra infancia. Puede que ahora mismo pienses que las peleas de tus padres, la falta de atención de uno de ellos, el rechazo de un hermano o hermana, la soledad que sentías en la escuela o la pérdida de una mascota o un familiar fueron eventos que solo sucedieron y que superaste en su momento, pero te aseguro que tuvieron más impacto del que piensas.

Quiero que después de leer esto, cierres los ojos por un momento y trates de reconstruir el recuerdo de ese momento que, al igual que me pasó con el divorcio de mis papás, creíste que no te afectó. Revívelo, examina lo que sentiste en ese momento, tus reacciones. Piensa si algo en tu personalidad cambió desde entonces. ¿Te sentías bien contigo mismo? ¿Empezaste a alejar a ciertas personas? ¿Te refugiaste en ti? ¿Dejaste de contarles cosas a tus padres? ¿Te sentiste solo? ¿Herido? ¿Abandonado? ¿Traicionado?

Cuando hayas identificado esos momentos, esos cambios, quiero que los mires con agradecimiento. Y sé que me dirás: "Regi, ¿cómo voy a mirar con agradecimiento algo que hizo mi vida peor en ese instante?". ¡Y sí! Esa es la clave. Tienes que saber que las heridas son maestros de vida, que tenemos que identificarlas para sanarlas, crecer a partir de ellas y empezar a verlas como cicatrices que nos dicen de dónde vinimos, pero que no tienen por qué dictar para siempre que nos quedaremos siendo los mismos. Las heridas son esas herramientas que te van a permitir entrar al camino que te llevará a descubrir la persona que siempre estuviste destinada a ser, a encontrar ese superpoder único que llevas por dentro.

LAS HERIDAS EMOCIONALES NECESITAN DE UN DUELO

Como te dije al principio, este no será un camino fácil. Sea cual sea la herida que marcó tu vida, vas a tener que hacer una especie de duelo por aquello que cambió, por lo que perdiste o por la persona que eras en ese momento.

En mi caso, con el divorcio de mis papás, primero pensé que no me podía estar pasando a mí y que no podría afectarme nunca (etapa de negación). Luego sentí mucho coraje: ¿por qué se iba mi papá? ¿Por qué nos abandonaba? ¿Por qué ya no estaba presente? ¿Por qué no nos ayudaba cuando más lo necesitábamos? (etapa de ira). Más adelante, empecé a pensar que quizás habría alguna manera de hacer que mis papás volvieran a estar juntos. ¿Y si había sido mi culpa por no ser lo suficientemente buena? (etapa de negociación). Sin embargo, cuando me di cuenta de que esa reconciliación no iba a suceder y que seguiríamos estando solas, llenas de deudas, con problemas de dinero y sintiéndonos más fuera de lugar en la vida y en la escuela, me sentí más triste, sola y herida que nunca (etapa de depresión). Al final fue cuando comprendí que nos teníamos las unas a las otras, que esta era nuestra nueva realidad y que debía aceptarla para empezar a caminar hacia adelante, tomando todo como una lección para volverme fuerte, independiente e imparable.

Lo más importante que aprendí en ese momento es que el dolor siempre iba a estar en mi vida, por un motivo u otro, pero que el sufrimiento era opcional. Tú puedes escoger quedarte estancado en el resentimiento y los malos sentimientos que te generó la situación o la persona que te causó la herida o también puedes dejarlos ir. Acepta esa situación, mírala con agradecimiento, perdona a esas personas y a ti mismo y luego aplica todo lo que aprendiste para convertirte en una mejor persona, para no repetir los errores de otros que te hirieron en su momento. ¡Prométeme que lo vas a intentar!

¿EXISTEN VARIOS TIPOS DE HERIDAS EMOCIONALES?

Repite después de mí: las heridas son mis maestros de vida. Estas heridas quizás no te han dejado una marca física, aunque en algunos casos puede ocurrir, sino una emocional. Y es que, muchas veces, son las heridas emocionales las que te dejan sintiéndote perdido, pensando que no vales nada y que toda tu vida es solo una gran cadena de sufrimiento. Para poder sanar esas heridas, tienes que esforzarte mucho en identificarlas, así que te voy a mostrar algunos ejemplos de heridas emocionales y de sus consecuencias. Tómate un tiempo para analizar cada uno de estos ejemplos y piensa si tienen alguna relación contigo. Respira hondo. Vamos.

Según el autor Gary Chapman, existen varios tipos de heridas emocionales que podemos sufrir tras vivir diferentes situaciones:

* Heridas de humillación
* Heridas de traición
* Heridas de abandono
* Heridas de rechazo

Heridas de humillación. ¿Alguna vez sentiste que tus padres o las personas de tu entorno en tu niñez te criticaban o desaprobaban todo lo que hacías y que incluso llegaban a ridiculizarte? Estas actitudes hacia nosotros cuando somos niños pueden hacer que desarrollemos una personalidad dependiente, lo que quiere decir que siempre buscaremos la aprobación de los demás para sentirnos validados. Puede que no lo notes, pero si eres el tipo de persona que se presenta ante los demás a través de anécdotas que generan pena, es posible que la humillación haya sido una de las heridas de tu infancia. Otro signo de que sufriste esta herida y no ha sanado aún es ser un *people pleaser*. Es decir, alguien que siempre quiere que todos a su alrededor se sientan bien, dejando de lado sus propios intereses o comodidades.

Para sanar esta herida, tienes que dejar ir esa carga que siempre sientes sobre tus hombros. Debes perdonar a las personas que te hicieron sentir de esa manera, pensar en ellas como maestras para crecer y empezar a hacer las paces con tu pasado para no causar esas mismas heridas en las personas que rodean tu presente.

Herida de traición. Ahora te planteo otra situación. Cuando eras niño, ¿alguna vez sentiste que tus papás o las personas de tu entorno no cumplían con lo que te prometían una y otra vez? Da igual si era algo tan simple como un postre o ver una película contigo. Esas promesas incumplidas, con el tiempo, pudieron generarte la sensación de que estabas solo, aislado y, si no podías confiar en tus padres quienes eran los más cercanos a ti, no podías confiar en nadie. Piensa por un momento si alguna vez sentiste rencor hacia ellos o, incluso, envidia hacia otros niños, pues veías que sus padres sí les daban las cosas que les prometían. Esta herida de la traición genera mucho miedo a que te dejen de lado, así que quizás ahora seas un adulto que ha desarrollado una personalidad muy controladora y pienses que, de esa manera, puedes alejar la incertidumbre de tu vida.

Si quieres empezar a sanar esta herida, tienes que comprometerte a trabajar en ser más paciente, en darle libertad a las personas y a ti mismo, en delegar y confiar en los demás. Solo así vas a dejar ir ese peso que, aunque te hayas acostumbrado a él, no le hace nada de bien a tu vida ni a la de los demás. Cuanto más ligero estés, más fácil podrás emprender el vuelo y descubrir tu superpoder.

Herida de abandono. Pasemos a otra situación. ¿Nunca te sientes cómodo cuando estás solo? ¿Pasas de una pareja a otra, aunque no estés listo, solo porque te da miedo la soledad? ¿Crees que a veces toleras cosas que no deberías de otras personas con tal de que no se alejen de ti? En un caso extremo, ¿prefieres alejarte de una persona antes de que decida alejarse o terminar una relación contigo? Si te identificas con alguno de estos escenarios, es muy probable que desde tu infancia hayas sentido el abandono de las personas que te rodeaban, ya fuera porque se divorciaban, como el caso de mis padres, o porque alguien se alejaba o sencillamente por negligencia.

En el fondo, quienes sufrimos la herida del abandono en la infancia tenemos un miedo atroz a quedarnos solos y, por supuesto, eso nos causa mucha ansiedad. Todo el tiempo estamos atentos a lo que hacemos y a cómo reaccionan los demás, pues no queremos que se vayan de nuestro lado. Lo más importante que debemos aprender de esta herida es que no podemos depender emocionalmente de nadie externo. Como lo mencionaba al principio, nadie nos va a salvar, tenemos que convertirnos en nuestros propios superhéroes, dejar de lado el miedo a la soledad y trabajar en nosotros mismos.

La lección que quiero que te lleves, si identificas esta herida en ti, es que, para sanar este dolor durante tu adultez, primero tienes que reconectarte con tu niño interior, escucharlo y abrazarlo. Poco a poco, le irás dando esa autoestima que perdió con el paso del tiempo, le ayudarás a dejar de lado el autosabotaje y le enseñarás a pasar tiempo feliz consigo mismo. Al final del proceso, incluso disfrutarás de tus momentos de soledad porque tú eres tu mejor compañía.

Herida de rechazo. Por último, estoy segura de que una de las heridas más dolorosas que nos deja nuestra infancia es la del rechazo. Si alguna vez tus padres, familiares o amigos no te aceptaron o te hicieron de lado, eso dejó una marca en ti. Por eso, quizás desde muy pequeño has sentido que nadie te va a poder querer, que nadie va a querer compartir experiencias a tu lado... y lo triste de esta situación es que, como los pensamientos son tan poderosos, atraes esas actitudes y energías a tu vida. Cuando te desprecias a ti mismo, saboteas tus oportunidades y, al final, terminas sufriendo. ¡Y recuerda que el dolor es inevitable, pero el sufrimiento sí es opcional!

Esta herida como maestra te abre la puerta para que te sientes, respires y reevalúes tus pensamientos sobre ti mismo. Piensa en todas las buenas personas que te rodean actualmente, en los buenos momentos que compartes con compañeros o familiares, en aquellas personas a las que les sonreíste en la calle y quizás hiciste feliz por un momento. Empieza a valorarte y a reconocer todas esas cualidades que te hacen único. Y sí, de vez en cuando aparecerá esa vocecita en tu cabeza que te dirá que no eres suficiente, pero tu tarea es detenerla y, en su lugar, pensar en algo que te guste de ti, en un momento valioso que compartiste con alguien.

EL ARTE ORIENTAL PARA SANAR LAS HERIDAS EMOCIONALES

Créeme, sé lo difícil que puede llegar a ser el proceso de reconocer nuestras heridas y de decidir emprender el camino para sanarlas, pero no te rindas. Ningún superhéroe encontró su vocación y sus poderes sin enfrentarse primero a muchísimas dudas, miradas escépticas y juicios de quienes los rodeaban. La buena noticia es que te estoy dando muchas herramientas para el camino (¡espero que estés anotando o subrayando!). Una de mis favoritas, la encontré leyendo *Kintsukuroi. El arte japonés de curar heridas emocionales*, de Tomás Navarro.

Este hombre, apoyándose en filosofías tradicionales orientales, nos habla de diferentes maneras en las que podemos seguir con nuestras vidas después del desbalance emocional en el que terminamos cuando nos enfrentamos a nuestras heridas. El primer concepto es el más sencillo.

El *raku-yaki*, que Navarro define como el arte de lo esencial, en realidad hace referencia a una técnica milenaria oriental con la que las personas creaban sus propias vasijas de cerámica para beber té. Este proceso, apoyado en la filosofía zen, les permitía a las personas tener momentos de reflexión y tranquilidad antes de compartir la ceremonia del té con sus familiares o allegados. Lo más interesante de esta técnica es que, dadas las altísimas temperaturas a las que se cocía la cerámica, no era raro que de repente se partiera una pieza. Pero aquí hay una lección importantísima, las personas no se enojaban por esos errores o tiraban toda su cerámica a la basura; por el contrario, recogían las piezas, las pegaban y exhibían orgullosamente las "cicatrices" que quedaban del proceso.

Este arte de lo esencial te deja un ejemplo vital de que eres tú mismo quien tiene el control de tu vida en este momento. Las heridas emocionales no te hacen alguien despreciable o imposible de querer, te hacen un ser humano único, con experiencias y situaciones que te permitieron encontrar tu nuevo yo, tu superpoder, y llegar a ser quien siempre quisiste ser. Las heridas y las cicatrices no nos definen ni nos estancan, pero sí nos dan la sabiduría que necesitamos para ser mejores.

¿Sabías que hubo una persona en la historia que no se conformó con simplemente pegar los pedazos rotos con más cerámica? Hace cientos de años, el *shōgun* Ashikaga Yoshimasa rompió una de sus tazas de té favoritas y decidió enviarla a China para arreglarla. Sin embargo, allí le hicieron un arreglo bastante tosco y, al final, les pidió a sus propios artesanos japoneses que intentaran hacer algo con ella. Estos artesanos decidieron embellecer la taza de una manera nunca vista y usaron laca de oro para unir las partes que se habían roto. Así, la taza mostraría visiblemente sus cicatrices y puntos de quiebre, pero de una manera estéticamente aceptable. A esta técnica se le llamó *kintsugi* o *kintsukuroi*.

Lo que quiero que recuerdes siempre, y repítetelo hasta que te lo creas de verdad, es que tus heridas, tus cicatrices, tus traumas, tus problemas del pasado o actuales, o los obstáculos que te enfrentas en el día a día no son signos de debilidad ni son algo permanente. Como puedes aprender con el *kintsukuroi*, esos desperfectos que tienes en tu vida son oportunidades, son momentos que te permitirán mostrar fortaleza y que te darán el impulso para empezar tu camino de transformación y superación. Recoge tus pedazos, analiza la situación, aprende de lo que sucedió, encuentra tu fortaleza y reconstruye lo que se rompió. Siéntete orgulloso de las marcas que las heridas dejan en tu vida, pero lúcelas como si fueran ese añadido de laca de oro que lo hizo todo más hermoso.

Estos primeros pasos del proceso para encontrar tu superpoder interior y convertirte en esa persona indomable que es capaz de salvarse a sí misma son los más difíciles. Seguramente te vas a frustrar, vas a llorar, vas a pensar que revivir esas situaciones no vale la pena, pero ningún superhéroe vivió un camino fácil para llegar a ser quien debía ser. De hecho, Superman, la Mujer Maravilla, Batman, Thor y absolutamente todos los héroes en los que quieras pensar, ¡incluso yo!, tuvimos que perdernos en el camino para poder encontrar esa persona que estábamos destinados a ser. Y tú también vas a tener que perderte, muy profundo en el bosque de tus emociones y decisiones, para seguir adelante. ¡Pero no tengas miedo! Mejor conviértete en indomable.

Sé que imaginabas que estabas perdido, pero cada herida fue parte del camino.

REGINA CARROT, *CICATRICES*

CAPÍTULO 2

Hay que perderse para encontrarse

LA PÉRDIDA

Con los años me he dado cuenta de que los momentos en los que más rota me he sentido por dentro, en donde más perdida he estado y en dónde me han desgarrado de la manera más cruel el corazón, son los que me han permitido reencontrarme conmigo misma y descubrir una nueva versión de mí. Una más fuerte, más valiente, más preparada. Y sí, puede que estas nuevas versiones de nosotros mismos al principio sean completamente desconocidas para quienes nos rodean, pero ¿sabes qué?, todo es parte de nuestro proceso. Y todos tenemos que pasar por momentos difíciles que nos forman, nos trasmiten enseñanzas y nos dejan a la deriva en el mar. Pero, después de eso, nos volvemos a encontrar y nos damos cuenta de que somos fuertes y únicos.

Hace dos años viví el dolor de primera mano porque perdí a un bebé cuando estaba embarazada de tres meses. Todo empezó porque fui a un ginecólogo experto en fertilidad, que era el más famoso de Monterrey. Y fui a verlo no porque estuviera batallando por quedar embarazada, sino porque quería ir con un especialista. Él me hizo todas las pruebas correspondientes y salieron bastante bien. La única prueba que me salió alta fue la de anticuerpos y antiperoxidasa, que está relacionada con la tiroides. Él me dijo: "No te preocupes, te voy a remitir con otra doctora que conozco, que además es muy reconocida en Monterrey también, y ella te puede recetar un medicamento para regular esos niveles". En ese momento yo no sabía que estaba embarazada. No fue hasta varias semanas después que me enteré, cuando visité a la endocrinóloga que me recomendó el ginecólogo.

Uno de mis primeros errores fue no contarle nada de esto a mi mamá porque, siguiendo lo que decía la gente, yo quería esperar hasta los tres meses para darle la noticia de que estaba embarazada. De todas maneras, decidí confiar en los profesionales, fui a ver a la doctora y, aun sabiendo que tenía unas 3 o 4 semanas de embarazo, me recetó el nuevo medicamento. Como sabrás, tomar cualquier tipo de medicamento, incluso para la tiroides, es muy delicado cuando estás embarazada, pero la doctora me dijo que no pasaba nada, que ya lo había hecho con muchos pacientes y que solo era para balancear los números, y yo le creí.

Después de todo esto, tuve otra cita con una nutrióloga de medicina interna porque quería regular mi peso y estar saludable. Ella me pidió mis últimos estudios, se los envié y los revisamos por Zoom. No esperaba que ella quedara impactada y me dijera que tenía los niveles de TCH y T3 muy bajos, que son hormonas importantes en el embarazo y no pueden estar así por nada del mundo. Yo le hablé sobre la endocrinóloga, y la nutrióloga me dijo que ella no tenía que haberme recetado nada porque el perfil de tiroides estaba bien. Además, la tiroides es muy importante para regular que el bebé esté bien. Y las personas que toman medicamentos para eso no pueden suspenderlos inmediatamente, sino ir reduciendo la dosis poco a poco. Eso era un problema.

La nutrióloga entonces llamó a otro endocrinólogo que ella conocía. El hombre ya había escuchado de la endocrinóloga que me había atendido, pues tenía fama de que solo le interesaban los números. Él se preocupó y me preguntó si había sangrado. Le dije que afortunadamente no, que todo estaba bien, y entonces me hizo un plan para dejar paulatinamente el medicamento.

Unos días después, mi esposo Rubén y yo fuimos al genetista para enterarnos si nuestro bebé era niño o niña. Bueno, en realidad el doctor era un familiar nuestro y estábamos muy emocionados, así que le pedimos que escribiera el sexo en un sobre y no nos lo dijera porque estábamos planeando una fiesta de revelación de género. De verdad era un momento de muchísima emoción. Y no solo para nosotros, sino para toda nuestra familia y conocidos que estaban esperando noticias por WhatsApp.

Cuando el doctor me puso la máquina con el gel en el abdomen, yo vi la pantalla y todo estaba negro, solo distinguí un círculo. Y esa bolita no estaba flotando, sino en el piso. Yo no sabía nada, pero pensaba que todo estaba bien, hasta que de repente el doctor dijo: "Este producto ya no se realizó, ya no tuvo éxito". Fueron unas palabras muy frías, y yo seguía sin entender nada. Solo miré a Rubén en *shock* porque no entendía lo que estaba pasando. "Es normal, pasa a los tres meses", decía el doctor. Por primera vez en mi vida me sentí tan perdida y a la deriva que no pude decir ni una palabra.

No sé cómo sucedió, pero luego le marcamos al ginecólogo y fuimos al hospital. El genetista dijo que el bebé llevaba tres semanas sin vida y entonces el ginecólogo me abrió las piernas y empezó a gritar: "¡¿Qué pasó?! ¡¿Qué hiciste?!". Yo solo le dije que me había tomado las pastillas tal y como la endocrinóloga me había dicho. La verdad es que toda la situación fue traumática, y Rubén y yo estábamos muy asustados. Nos estaban tratando muy mal, pero no podíamos hacer nada porque no somos personas prepotentes y estábamos en *shock*.

Cuando fuimos a su oficina, el doctor seguía asegurando que no sabía qué había pasado. Al final, después de un ir y venir de palabras, el doctor dijo que lo mejor era que me hicieran un legrado, que era lo normal, porque de otra manera el bebé se iba a salir porque ya llevaba tres semanas siendo inviable. Él me dijo que nos fuéramos a mi casa, que, por cierto, quedaba a una hora de Monterrey, y que ya nos avisaría para volver. Yo, ingenua, joven y pasando por primera vez por eso, me fui de allí. En ese punto ya le había contado a mi mamá, obviamente, y me dijo que no me fuera a Saltillo, que se me podía venir el bebé, que me podía desangrar en la carretera. Por la tarde, le escribí y llamé al doctor, pero nada, estaba ocupado.

Al día siguiente pude hablar con el doctor y le dije que estaba sangrando un poco, que necesitaba saber cuándo sería el legrado. Necesitaba que todo eso se acabara ya. Me sentía perdida, deprimida, traumatizada por saber que había un bebé sin vida dentro de mí. Quería que lo sacaran ya, pues no podía empezar mi duelo si no estaba afuera. Estaba en un limbo que no le deseo a nadie. El hombre por fin me dijo que hiciera una cita con la enfermera para dentro de dos días. Sin embargo, mi mamá me dijo que eso tenía que ser al día siguiente y que nos fuéramos a su casa en Monterrey mientras tanto. Nuestro plan era salir hacia allí a las siete de la mañana.

Esa tarde hablé con mis amigas y me dijeron que no me preocupara por el legrado, que sencillamente me anestesiaban, me abrían, me limpiaban y me dejaban perfecta. De hecho, me aseguraron que el legrado me dejaba tan "limpia" que el siguiente bebé "pegaba" superfácil. Por si no lo sabes, la otra manera para manejar esta situación es que te dan una pastilla para que todo salga, pero dicen que es muy doloroso.

De repente, esa madrugada, sobre las 2:30 a. m., sentí un cólico horrible. Se me rompió la fuente y sentí que se me salía todo. Me paré de inmediato sin saber qué estaba pasando y fui al baño. Ahí empezaron a salir coágulos. Fue una experiencia muy traumática. Le marcamos al doctor y nos dijo que saliéramos corriendo al hospital. Rubén y yo acomodamos unas toallas, que se llenaron de sangre, y llegamos al hospital una hora después. Me dejaron en una camilla, y el doctor solo llegó a las 9:30 a. m. Mientras tanto, solo me atendieron residentes. Nunca me había sentido tan frustrada y maltratada, de verdad. El hombre nunca tuvo nada de tacto, nunca me dijo: "Regi, tenemos que dejarte allí para que expulses lo más posible y el proceso no tenga que ser tan quirúrgico". Nada.

Seguía teniendo contracciones y seguían saliendo coágulos de sangre. Todo se volvió tan fuerte e insoportable que lloraba y vomitaba del dolor. Rubén no sabía qué hacer, el doctor no aparecía, era época de COVID y todo estaba muy saturado. Finalmente, a las 11 de la mañana, me hicieron el legrado y pude descansar. Le pedí al doctor que me entregara lo que había quedado tras el procedimiento porque quería hacerle un entierro y un ritual de despedida, pero me dijo que no, que eso era propiedad del hospital y que necesitaban hacerle estudios de genética para saber qué había sucedido. En ese momento sentí que me estaban negando mi duelo, que nunca iba a poder cerrar esa etapa.

Tras dos meses de esta tragedia, por fin me llegaron los estudios a mi correo. Decían que mi bebé iba a ser una niña, y en ese momento el trauma fue muy real. Los meses anteriores los había pasado como en un limbo, perdida en mí, pero esas noticias me hicieron volver a la Tierra, sobre todo porque no había nada malo en los estudios. Todo estaba bien. Mi mamá incluso quería demandarlos, a él y a la endocrinóloga, porque ambos fueron culpables. Y sí, hay muchas razones por las que se puede perder un bebé, pero en esta ocasión ellos tuvieron la culpa. Se lavaron las manos y no les importó nada. Yo realmente no quería hacer ningún *show* en redes porque, de todas maneras, quería intentar tener otro bebé y no quería correr el riesgo de que algún doctor no quisiera atenderme por eso. Le tenía miedo a la mafia de la bata blanca.

Después de todo lo que pasó, me hice mil exámenes y para el siguiente embarazo me tuve que inyectar la panza todos los días con un anticoagulante. Obviamente, me cambié de ginecólogo y todo salió bien a partir de allí.

EL ARCOÍRIS DESPUÉS DE LA TORMENTA

Justo en esos momentos en los que me sentí tan rota, tan perdida, fue cuando encontré el libro de Tomás Navarro que te mencioné antes. Todas las cosas llegan a tu vida en el momento perfecto, solo tienes que atraerlas y desearlas. Cuando leí sus palabras entendí más a fondo el concepto de que tenemos que perdernos y rompernos para poder reencontrarnos, para recuperar todas nuestras piezas. Esa experiencia, por más horrible que fue, me convirtió en una persona más auténtica, en alguien que lleva sus cicatrices con la cabeza en alto.

Recuerda, las dificultades y los problemas no son un signo de debilidad, sino de fortaleza y superación. Cada herida te hace único y es importante perderte para encontrarte y sanarte, para convertirte en una nueva persona más valiente, en alguien que será capaz de encontrar su superpoder.

Gracias a ese dolor que sufrí, pude encontrar una versión más auténtica, más fuerte y con más fe en mí misma. Esos obstáculos a los que me enfrenté no me detuvieron, sino que me dieron el impulso para seguir. Tú y yo podemos seguir escribiendo nuestra historia después de las dificultades, pues estas solo son un capítulo y no el libro entero de nuestras vidas. Pero no pienses que las cosas que vas a encontrar en tu camino van a ser fáciles, pues te aseguro que no lo serán. Cuando te cortas un dedo cocinando puedes ponerle una curita inmediatamente, pero la sanación interna se toma un tiempo. Pasa lo mismo con nuestros traumas, con las heridas emocionales y con las situaciones que nos alejan de todo lo que conocíamos y en donde estábamos cómodos. Dale tiempo al tiempo. Respira.

Cuando la tormenta pasó, llegó Regis a mi vida, mi hija, a la que amo con todo mi corazón. Y esta parte de la historia se las cuento porque siento que los tiempos de Dios son perfectos. Yo perdí a mi primera bebé el 18 de marzo del 2021. Después del legrado, tuve que esperar dos meses a que sanara la parte física de mi cuerpo para intentar quedar embarazada de nuevo. Afortunadamente, la primera vez que Rubén y yo lo intentamos de nuevo funcionó, y me enteré de que estaba embarazada el 9 de julio de ese mismo año. A pesar de la felicidad infinita que sentí en ese momento, todo el miedo volvió a mí. Las dudas. Esperamos tres, cuatro, cinco meses... y todo parecía ir bien.

Cuando fuimos a una revisión, nos dijeron que la fecha probable de parto era el 18 de marzo del 2022, y yo me tomé esa noticia como la mejor diosidencia de mi vida. Sentí que era un mensaje que decía: "Tranquila, todo va a estar bien, ahí viene algo bueno". Esa circunstancia me pareció muy fuerte y empecé a creer mucho en Dios, pues nunca me había pasado algo así. Es decir, sí tenía fe y lo normal, pero esto era algo fuera de lo ordinario. Esa noticia, esa fecha, esa diosidencia después de la tragedia fue la que me permitió reencontrarme a mí misma después de tantos meses de miedos, incertidumbres y depresión. La "bolita", como le digo a mi bebé que murió, sigue en el cielo brillando, dándome luz y ayudándome a encontrar siempre el camino.

De hecho, la bolita iba a nacer el 19 de septiembre del 2021. Y justo ese día yo estaba muy triste y metida en mi cabeza. Estábamos en un rancho porque era el cumpleaños de mi suegra y yo necesitaba distraerme para no caer de nuevo. Sobre las 2 o 3 de la tarde, el día se nubló mientras yo estaba en la piscina. Sin embargo, a pesar de lo oscuro que estaba el ambiente y de lo mal que me sentía, me di cuenta de que ese día se inscribieron el triple de personas de lo normal en mi curso en línea de *Cómo conquistar al amor de tu vida*. Y no sé si fue una diosidencia o qué, pero recuerdo que le dije a Rubén: "Mira, es la bolita diciéndonos que aquí está".

Ahora tenemos a la bolita cuidándonos desde el cielo y a Regis, nuestra *rainbow baby*.

PERDERSE ES UNA OPORTUNIDAD

Perdernos por un momento no significa que estemos

cometiendo un error. Es normal desviarnos del camino que quizás teníamos planeado para nosotros mismos, pero en realidad estos desvíos no son más que la vida dándote nuevas oportunidades, planteándote retos para volverte más fuerte. Y si en todo caso quieres ver ese momento en el que te perdiste como un error, ¡no tengas miedo! Es mejor cometer errores que no hacer nada y no aprender nada, que no evolucionar. Los errores y los desvíos son una gran oportunidad. Pero, recuerda, tus errores te pertenecen a ti y a nadie más. Son tu oportunidad de abrir nuevas puertas, de encontrar nuevos caminos y de probar cosas nuevas.

Si no aprovechas los momentos en los que la vida te pone a prueba para incomodarte, para reflexionar sobre cómo estás actuando y cómo realmente quieres que sea tu futuro, estás perdiendo el tiempo. ¡Reacciona! No todas las heridas emocionales son fáciles de sanar ni de superar, no todos los desvíos que tomamos en la vida nos llevan a un buen punto, pero lo importante es que los reconozcas, que sepas en dónde estás y aproveches la oportunidad para pensar en ti y en la persona en la que te quieres convertir. Deja de cumplir con las expectativas que tienen los demás sobre ti y comienza a vivir por y para ti. Las demás personas no son quienes van a tener que vivir con tus decisiones, sino tú mismo.

Por eso te digo: es importante perderte para encontrarte. Cuando te pierdes, te das cuenta de que tú y todos tenemos un superpoder dentro de nosotros. Hay un fuego interior dentro de ti que siempre ha estado encendido, pero que, a veces, escondes o ignoras porque tienes miedo. Cuando te pierdes, puedes llegar a encontrar lo que realmente quieres hacer con tu vida, puedes ir hacia adelante. Deja que ese fuego interior brille y protégelo, porque no solo te ayudará en tu camino, sino que también iluminará el de los demás.

Imagina que ese fuego que llevas por dentro será el que te salvará cuando te pierdas, cuando sientas que estés en medio de una tormenta de nieve en la montaña más remota. Tu fuego es tu propósito, es esa luz que tienes por dentro y que te protegerá de las adversidades cuando lleguen... porque llegarán. Cuando tienes propósitos, tienes los pies bien plantados en la tierra y nada te desequilibrará. Y sí, es posible que haya momentos en los que los recuerdos de aquellas tragedias que te marcaron o aquellas heridas que aún tienes abiertas te abrumen, pero piensa que eso que te quebró fue lo que te dio el impulso para seguir adelante, para perderte y reencontrarte con tu destino y contigo mismo.

LA BRÚJULA EN EL CAMINO

Ni los mejores exploradores dejan de lado sus herramientas cuando salen a su siguiente aventura y, de hecho, así es como quiero que pienses la próxima vez que te pierdas. En realidad, no estás perdido, sino que estás en una expedición para encontrarte a ti mismo. Sin embargo, te compartiré tres cosas que quiero que te repitas una y otra vez hasta que las incorpores en tu vida:

Primero: no hay herida, error o desvío que no traiga consigo una lección. Cada vez que te lastimen o pases por algo que represente un reto en tu vida, piensa que es una oportunidad para cambiar, para mejorar y convertirte en tu mejor versión. En esa persona fuerte e indomable que siempre has sido.

Segundo: la gente no *te* hace cosas, la gente sencillamente hace cosas. Tú decides si te afectan o no. No dejes que las acciones de otros definan tus sentimientos, el rumbo de tu vida o de tu carrera. Eres tú quien tiene el control de tus decisiones, de cómo reaccionas, de cómo usas esas oportunidades para crecer y para seguir dándole al mundo lo mejor de ti y de ese superpoder que pronto encontrarás.

Tercero: esa pasión que sientes por dentro, ese sentimiento que no sabes cómo definir, es tu fuego interior. Esa chispa que arde dentro de ti es lo único que necesitas para terminar de encender ese superpoder y crear una antorcha que puedas pasarle a los demás cuando el momento sea correcto. Porque una vez que descubras lo increíble que eres, vas a tener que compartirlo. Solo las personas egoístas se reservan para sí mismas sus dones y talentos. Haz del mundo un lugar mejor y comparte tu mejor versión con los demás.

Como dijo la autora Elizabeth Bishop, el arte de perderse no es difícil de dominar. Entonces te reto a que pierdas algo cada día, pueden ser tus llaves, tu teléfono o tu reloj. Piérdelo, acepta la confusión y sigue con tu vida. Yo alguna vez perdí el reloj de mi abuelo en una ciudad en la que ya no vivo y sí, dolió, pero el universo no se acabó allí. Incluso perderte a ti mismo nunca será lo peor que te pueda pasar, pues esa pérdida te llevará por un nuevo rumbo, un nuevo camino por el que tu yo, apegado a tu zona de confort, nunca te hubiera permitido caminar.

Para seguir en este proceso de encontrar tu fuego, tu superpoder interior, debes soltar para poder avanzar, perdonar para sanar, aceptarte para quererte y, sobre todo, perderte para encontrarte. Si alguna vez te sientes como en un limbo, si no sabes qué hacer con tu vida ni sabes cuál es la mejor decisión que puedes tomar, ¡piérdete! Nunca sabes lo que puedes llegar a encontrar en ese camino inexplorado. ¡Te reto a que lo hagas!

Jamás hay que apagar el fuego de tu alma, sino avivarlo.

VINCENT VAN GOGH

CAPÍTULO 3

Lo que el fuego no destruye, lo transforma

EL FERRARI SUCIO

Tras la pérdida de mi bolita, quedé con el corazón roto, pero la llegada de Regis me devolvió toda la fe que necesitaba. Seguía un poco destrozada personalmente, pero me sentía bien con mi vida profesional. O eso era lo que creía.

El mundo de la motivación y del *coaching* es muy masculino y, en realidad, son muy pocas mujeres las que se presentan a los eventos de este medio. Después de sacar mi primer libro, titulado *Cómo salir del Club de los Fracasados*, decidí crear unas *showferencias* únicas que me permitieran unir dos de mis facetas favoritas: la motivación y el entretenimiento. Incluso había partes musicalizadas en las que cantaba *Indomable*, que es un himno de superación personal, o *Cicatrices*, otra canción que escribí. La verdad es que era una experiencia muy diferente, pero me gustaba porque yo vengo de un mundo muy musical. Hacer mis *showferencias* de esa manera era parte de mi diferenciación, de mi superpoder para comunicar.

Así, las *showferencias* empezaron y me fue muy bien en Monterrey y Ciudad de México. Cuando acabamos en Ciudad de México, yo estaba a punto de irme, pero recuerdo que un productor, que venía del mundo artístico de las telenovelas, me dijo que me acercara. Yo pensé que me iba a felicitar, pero me encontré con algo completamente diferente. Este hombre me dijo que todo había salido bien, pero que en realidad había estado hablando con su papá y habían llegado a una conclusión: yo era como un Ferrari, tenía muchos caballos de potencia, unas llantas de lujo y todas las comodidades. Básicamente era un auto deportivo y auténtico, pero uno que había pasado por un charco que lo había dejado todo sucio y mojado por dentro.

Lo peor de todo es que el tipo seguía y seguía con su analogía de que yo estaba defectuosa, que me faltaban cosas. Yo acababa de terminar de firmar muchísimos libros, justo me acababa de bajar del escenario y estaba superemocionada porque había derrotado a esa voz de mi cabeza que me decía que no iba a lograrlo, a ese temido síndrome del impostor. ¿Y ahora tenía a este tipo enfrente diciéndome esas cosas? ¿Con qué derecho se creía?

SOLO TÚ CONTROLAS LO QUE TE AFECTA

En ese momento me molesté mucho, pero eventualmente, cuando me alejé de la situación y pude pensar con calma, entendí las razones por las que ese hombre me había dicho esas palabras. Quizás en ese momento su objetivo había sido desarmarme, hacerme sentir insegura y obligarme a pensar que lo necesitaba para triunfar. Fue una actitud muy soberbia de su parte. Pero, por otro lado, recordé que la gente no *me* estaba haciendo cosas, sino que sencillamente hacía cosas. En ese momento, yo tenía el poder de decidir si sus palabras me afectaban o no. Él las había pronunciado y por supuesto, eso no lo podía controlar, pero sí podía decidir si las interiorizaba y si las dejaba o no alimentar mis inseguridades.

Esa experiencia, como todos los obstáculos o momentos difíciles de la vida, me dejó varios aprendizajes. Sin importar lo que hiciera, sin importar cuántas conferencias o cursos organizara y cuánto me certificara, siempre me encontraría con personas que iban a querer quitarle valor a todos mis esfuerzos, a todos mis estudios, a toda mi experiencia. Estoy segura de que tú también te has tropezado con personas que, sin saber lo que haces, deciden que ellos son los más expertos y pretenden decirte cómo hacer realmente bien aquello a lo que te dedicas. Es una situación muy frustrante, pero el mejor consejo que te puedo dar es que los dejes ser. Sencillamente no los escuches, céntrate en lo que tú sabes y piensas de ti mismo y fortalece tu fuego interior. Como dijo Viktor Frankl, un psiquiatra judío durante la Segunda Guerra Mundial: "Los nazis pueden quitármelo todo, mi familia, mi dinero y mi libertad, pero lo que nadie nunca me puede quitar es lo que yo decido pensar".

Sé que has pasado por mucho y, si has estado usando este libro como una herramienta para llegar a descubrir tu superpoder interior, ya habrás reconocido esas heridas que te cambiaron la vida y que te están impulsando a ser valiente. También, si aceptaste mi reto, has empezado a pensar en ellas con gratitud, a sanarlas y a perderte para poder encontrarte con ese nuevo tú que llevará el fuego que arde en ti al resto del mundo. Porque todas las pruebas por las que pasas, todos esos ataques a los que te has enfrentado no te han derrotado, sino que te han transformado. Eres una nueva versión de ti y no debes sentirte avergonzado de tus heridas y cicatrices porque son los trofeos que te recuerdan que lo lograste, ¡que estás avanzando!

Puedes tomarte las críticas de las personas como un ataque o como gasolina para darle más ardor a tu fuego y seguir perfeccionando tu arte. Lo único que lograron esos comentarios de aquel productor fue encender una chispa dentro de mí. Sigo tomando clases sobre cómo hablar en público para hacerlo mejor, me certifiqué como *coach* en programación neurolingüística e hice una especialidad en la IBERO en psicología positiva. Nunca he dejado de prepararme, porque las personas que creemos que son superhéroes o superdotados no nacieron así, no se convirtieron en expertos en sus temas de la noche a la mañana, sino que estudiaron miles y miles de horas.

Yo llevo más de quince años perfeccionando mi superpoder interior, que me apasiona y en lo que soy buena, pero eso no quiere decir que a veces una sombra de duda no vuelva a aparecerse sobre mi hombro.

EL SÍNDROME DEL IMPOSTOR

¿Has sentido alguna vez que no te mereces lo bueno que te está pasando, que sencillamente estabas en el lugar correcto en el momento indicado y por eso tuviste éxito? ¿Te da la sensación a veces de que estás engañando a todos los que están a tu alrededor? ¿Te incomoda recibir cumplidos sobre tus logros? ¿Crees que de un momento a otro las personas van a descubrir que eres un fraude y se van a burlar de ti? ¿Tienes miedo a que te dejen de lado si fallas en la más mínima tarea? ¡Claro, únete al club porque no estás solo!

Todo eso es lo que puede causar el síndrome del impostor. Este término, que fue usado por primera vez en 1978 en un artículo sobre psicología, hace referencia a la incapacidad que tienen (o tenemos) muchas personas de reconocer nuestra experticia y de asimilar nuestros logros. ¡Ah! ¿Que nos graduamos de esa especialización que siempre quisimos? Sí, claro, pero fue pura suerte. ¿Por fin te dieron ese ascenso que siempre buscaste? Sí, pero en realidad fuiste su última opción. ¿Que sacaste las mejores notas de todo el curso? Sí, pero pudieron haber sido mejores.

Durante mucho tiempo se creyó que este síndrome solo nos afectaba a las mujeres porque éramos muy perfeccionistas, pero con el tiempo ese paradigma se cayó y hoy está comprobado que lo sufren los hombres por igual. Todos, cuando tenemos momentos de debilidad, nos vemos afectados por las palabras de los demás que infravaloran nuestro trabajo, como en el caso del Ferrari sucio. Pero desde ya te voy a decir que el hábito más saludable que puedes formar es el no tomarte nada que te digan como algo personal. Deja de lado los juicios de otras personas sobre ti mismo y concéntrate en las cosas en las que eres bueno.

Y sí, no es fácil padecer del síndrome del impostor, pero tienes que verlo también como una oportunidad para reconstruirte y ser una nueva persona. Si eres perfeccionista, siempre vas a querer ponerte las expectativas más altas; sin embargo, cuando no cumples, aunque sea el 1 % de esas metas, sientes que eres un fraude. En este caso, debes tener paciencia contigo mismo. Aún estás a tiempo de lograr eso en lo que fallaste una vez. Respira, estás haciendo lo mejor que puedes. ¡Ánimo, yo creo en ti!

Por otra parte, si eres un experto en algo, puede que creas que no te puedes embarcar en un nuevo proyecto o aplicar a un nuevo trabajo hasta que sepas todo al respecto de ese nuevo tema o posición. ¡Pero es imposible saberlo todo en la vida! Los seres humanos estamos en constante aprendizaje, y si nunca te arriesgas, te pierdes o pruebas cosas nuevas, nunca vas a poder demostrarte a ti mismo lo valioso que eres. Deja de compararte con los demás, confía en los procesos y en los tiempos de tu vida. Si te comparas constantemente, siempre te vas a sentir menos, pero ¿qué crees? Las demás personas tienen una historia diferente a la tuya, sus vidas se desarrollan en diferentes circunstancias y no están en tu mismo lugar. Cuando dejes de compararte vas a darte cuenta de todo lo que tienes por ofrecer y las dudas van a salir de tu vida.

Si eres una persona muy individualista también puedes padecer del síndrome del impostor. En este caso, seguramente siempre quieres lograr todo por tu cuenta, hacer todos tus proyectos tú solo. Pero el problema llega cuando una tarea, un proyecto o una de tus metas implica pedirle ayuda a alguien más. Es en ese momento en el que, por haberte acostumbrado a hacer todo solo, sientes que eres un fracaso y un fraude por necesitar la ayuda de alguien más. Es más, es posible que, por negarte a pedir ayuda, y para no fallarte a ti mismo, dejes las cosas para después y finalmente nunca las hagas, lo que seguramente te hará sentir peor.

Pero te lo diré de esta manera: no hay ninguna vergüenza en pedir ayuda. Si no la pides, el "no" ya lo tienes asegurado, pero si te atreves a hacerlo, el universo conspirará a tu favor y no solo tendrás un "sí", sino también la posibilidad de mejorar tu vida y tu proyecto gracias a alguien más. Las mejores cosas salen del trabajo en equipo. No en vano dicen que dos mentes piensan mejor que una, ¡créeme!

QUÉ HAY DETRÁS Y CÓMO DAR UN PASO
HACIA ADELANTE

El síndrome del impostor no es un desorden mental; yo lo relacionaría más con una de las heridas emocionales de las que hablamos antes. De hecho, si te sientas un rato, respiras y analizas tu vida de adulto, seguramente te darás cuenta de que muchas de tus actitudes, complejos y miedos de hoy en día tienen su raíz en la infancia. Y por eso es tan importante explorar nuestro pasado y sanar a nuestro niño interior.

Si ahora sientes que el síndrome del impostor te habla al oído todo el día y no te permite disfrutar de tus logros, es muy probable que en tu infancia tus calificaciones nunca fueran lo suficientemente buenas para tus padres, que tus hermanos o primos fueran mucho mejores que tú en alguna actividad o deporte o, incluso, que algún evento te hiciera creer que si no eras perfecto nadie podría quererte. Todo eso ha formado el círculo vicioso en el que estás atrapado ahora, pero el primer paso para poder sanar esta herida y usar el síndrome del impostor como una oportunidad de crecimiento es, precisamente, reconocerlo.

No sé si alguna vez has meditado (si no, te lo recomiendo), pero una de las primeras enseñanzas que te deja esta práctica es la de reconocer tus pensamientos, pero no interactuar con ellos. Así que te invito a que uses esta técnica la próxima vez que tu mente te diga que no eres capaz, que eres un fraude, que vas a decepcionar a todo el mundo. Escucha esos pensamientos, acepta que existen, pero déjalos ir. Piensa si esa idea te ayuda en tu vida o la entorpece. Si la entorpece, respira hondo y déjala pasar.

Ahora, otra cosa que puedes intentar si eres una persona más visual es escribir esos pensamientos que se originan por el síndrome del impostor. A veces, cuando vemos escritas esas ideas, somos capaces de verlas desde una perspectiva más alejada y reconocerlas como afirmaciones que sencillamente no son verdad. Además, me gustaría que también escribieras una lista con todas esas cosas que has logrado en tu vida y que la tengas siempre a la mano. Así, cada vez que esos momentos de duda lleguen a ti, puedes leerla y recordarte que tú lograste eso con tu propio esfuerzo, estudio y trabajo. Nadie más lo hizo por ti. Y sigues aquí, logrando cada día dar un paso más en el camino que te llevará a sanar tus heridas, descubrir tu superpoder, encender tu fuego interno y compartir tu sabiduría con el mundo.

Tu mente siempre cree lo que tú le dices, así que no dejes que los pensamientos negativos la dominen. Por el contrario, di en voz alta que va a ser un buen día, que eres maravilloso, capaz y hábil, que te has ganado el lugar en donde estás con trabajo y esfuerzo, y, sobre todo, que lo mejor está por venir.

Quiero que vuelvas a encender el fuego interior que arde dentro de ti. Quiero que salga de allí para que despeje la oscuridad.

DEBASISH MRIDHA

CAPÍTULO 4

Enciende tu fuego interior

EL DEFECTO QUE SE CONVIERTE EN SUPERPODER

Ya estás un paso más cerca de reencontrarte con tu superpoder, pero antes debes asegurarte de que tu fuego interior está ardiendo más fuerte que nunca para que no corra el riesgo de apagarse. Una de las cosas más importantes que debes hacer en esta etapa es creer en ti mismo y vencer las dudas que te atacan cuando menos te lo esperas.

Mi camino para encontrar mi fuego interior empezó con mi mamá. Desde muy pequeña, siempre pensé que tenía muchísimos defectos y eso me acomplejaba y me detenía. Pero mi mamá me contaba historias de personas extraordinarias que tenían lo que yo creía que eran "mis defectos". A medida que esas historias llegaron a mi vida, me di cuenta de que mis defectos, en realidad, podían convertirse en mis superpoderes. Mi mamá, gracias a eso, hizo que yo creyera que podía llegar a donde me lo propusiera, siendo indomable e imparable.

Ya te hablé sobre el divorcio de mis papás cuando yo tenía siete años, pero lo que quizás no mencioné es que en esa época, por esa herida de abandono que se creó en mí, me convertí en una niña muy insegura. Todo me daba miedo, no quería estar sola, me daba ansiedad interactuar con otras personas y, sobre todo, sentía que necesitaba la aprobación de todo el mundo, para absolutamente todo, porque temía decepcionar a cualquiera que estuviera a mi alrededor. Todo era tan extremo que incluso pedía permiso para ir al baño. También, si en la escuela nos daban instrucciones para que hiciéramos algo, yo iba a donde los profesores para que me lo repitieran una y otra vez, pues no quería equivocarme. Y durante el proceso, también sentía la necesidad de que verificaran mi progreso constantemente. Ya te digo, estaba aterrada con la idea de que, si hacía algo mal, alguien más se iba a ir de mi vida.

A pesar de que los profesores le decían a mi mamá que yo era una niña muy insegura y dependiente, también le aseguraban que era muy creativa y soñadora, así que debía impulsarme a desarrollar esa faceta. Y sí, recuerdo que en esa época a mí me fascinaba el mundo de los artistas. Adoraba a Britney Spears, me sabía todas sus canciones y me gustaba mucho su estilo. También, obvio, me gustaba la música y a veces tocaba el piano. El problema es que era muy introvertida y, a pesar de que ciertos procesos artísticos son solitarios, siempre necesitas interactuar con más personas para que conozcan tu arte, tu talento, tu fuego interior. Y yo en ese momento estaba estancada, no quería abrirme a más personas.

Al final, después de muchas conversaciones y de mucho miedo, mi mamá me convenció de dar un paso más hacia uno de mis sueños y me inscribió en una compañía de teatro musical. Recuerdo que tenía muchas dudas y los primeros días me sentí bastante incómoda, pero una vez que me asignaron un personaje todo cambió. Ese momento fue increíble porque, claro, cuando interpretaba a un personaje podía dejar de ser yo. Ya no era Regina, niña insegura que acababa de sufrir el divorcio de sus papás y seguía muy afectada por ello, sino que podía meterme en la piel de un personaje valiente e indomable, de una superheroína, de alguien que tenía una misión por cumplir.

De hecho, interpretar a diferentes personajes me ayudó también a combatir el tartamudeo y el seseo que había desarrollado al hablar. Todo eso era parte de la inseguridad que esa herida de abandono había dejado en mí. No te imaginas cuánto me frustraba ver que mis compañeros podían hablar, bromear y contar historias sin problemas, mientras que yo estaba allí, batallando por siquiera saludarlos. Junto con lo de meterme en la piel de diferentes personajes, lo otro que me ayudó fue buscar ayuda profesional, así que empecé a ir a terapia con una *coach* de habla. Ella no solo me ayudó a vencer la inseguridad que me creaba hablar frente a otras personas, sino que me hizo entender que lo más importante era creer en mí.

Poco a poco, y después de muchos años con mi *coach*, entendí que lo que antes había sido mi defecto ahora sería mi superpoder. Todo el amor que sentía por la música, el teatro, las interpretaciones y las historias me estaba dando pistas sobre lo que me gustaba y quería hacer. Así que, ese fuego interior que había estado asfixiado por mis miedos por fin ardió fuerte y me permitió redescubrir ese superpoder. A partir de ese momento, me formaría para contarles historias inspiradoras a otras personas y ayudarlas en su camino.

Años después, en el 2009, empecé a contar historias en el mundo del entretenimiento, y a participar en series de televisión, pero llegó un punto en el que me di cuenta de que ya no me sentía satisfecha interpretando otros papeles. Estaba cansada de ser alguien más y quería ser completamente Regina. Cuando supe que eso de la *artisteada* ya no era lo mío, me centré por completo en acabar la carrera de Mercadotecnia. Mi mamá me animó mucho cuando me gradué, y entonces tomé el impulso necesario para entrar a trabajar a una empresa de alimentos y bebidas en la división de galletas.

Allí encajé increíblemente bien y siempre me dijeron que tenía mucho tacto para lidiar con las campañas. Es más, recuerdo que una vez teníamos una junta con el área de finanzas, pues necesitábamos que nos aprobaran mucho dinero para unas acciones, y mis compañeros me pidieron que yo fuera la que hablara porque sabían que era la que mejor podía motivarlos a ellos con los valores de la marca de galletas. Esas eran unas galletas superpoderosas y ya tenían una campaña con Alejandra Guzmán, que las promocionaba como las galletas llenas de poder que nunca habías visto en tu vida.

Después de esa presentación y del video que preparé, nos dieron el dinero para la campaña. Y desde ese momento, empecé a dar charlas dentro de la empresa para motivar a las diferentes áreas desde mi perspectiva de mercadeo. Recuerdo incluso que hicimos un tráiler para una variación de esas galletas, que parecían de Batman, y fue un éxito total. La verdad es que estaba muy contenta con todo lo que estaba pasando y definitivamente sentí que había encontrado mi superpoder, el contar historias. Sin embargo, no sabía cómo aterrizarlo. O sea, sí, era buena en eso, pero ¿y después qué? Es más, recuerdo que en la empresa no me pagaban extra por todas esas charlas, aunque sí me dieron notoriedad y visibilidad. Pero mi fuego interior me decía que quería más.

Tras cuatro años en esa empresa, llegó ese "más". Me ofrecieron ser gerente, pero algo me decía que ese no era el camino correcto para mis sueños y, además, me iba a casar, así que fue una oferta que no pude, ni quise aceptar. Ese salto al vacío implicaba seguir mis sueños, sí, pero empezando desde cero por fuera, sin contactos. Sabía que tenía que seguir por el camino de contar historias, pero no quería enfocarme más en la psicología del consumidor, sino en la psicología positiva.

Tuve mucho miedo porque no tenía trabajo, estaba desorientada y nunca es fácil empezar desde el principio una vez que has tenido un empleo estable por mucho tiempo. Fue precisamente por esa época cuando empecé a hacer videos de YouTube. Sentí que esa era una manera de empezar a ayudar a las personas con mis historias, pero también de motivarme a mí misma. Necesitaba salir de ese "fracaso" en el que sentía que estaba tras renunciar y perderme. YouTube me ayudó a encontrarme de nuevo, a recentrar mi propósito y a alejar un poco el miedo que estaba invadiendo mi vida en ese momento.

Cuando por fin di ese salto y empecé a creer que ese camino hacia el que me guiaba mi fuego interior era posible, las cosas buenas empezaron a llegar a mi vida. La Universidad Iberoamericana me dijo que quería patrocinarme una especialización en psicología positiva, así que, por supuesto, tomé la oportunidad y ha sido una de mis mejores decisiones. Todo lo que estudié allí tuvo sentido para mí, y sentí que las piezas del rompecabezas encajaban. Amé esa especialización y encontré mi propósito y mi misión. Mi superpoder definitivo.

Pasé de trabajar en una compañía de alimentos y bebidas a subir videos a YouTube y luego a dar conferencias como *coach* profesional de abundancia y de vida. Mi pasión por la psicología pasó de ser consejera a convertirme en una persona certificada. Después de tartamudear en mi infancia y de ser la niña más insegura que podías conocer, logré subirme a un escenario frente a más de veinte mil personas y transmitirles mi mensaje, ayudarlas. Definitivamente te conviertes en las historias que te cuentas y que crees. Mi vida solo cambió cuando de verdad me creí que era una excelente conferencista y creadora de contenido.

Aún no estoy en donde quisiera estar y sigo trabajando todos los días por ser mejor, pero escuchar a mi fuego interior y tomar esas decisiones que me daban muchísimo miedo fueron lo más importante para emprender el camino.

TUS DECISIONES CAMBIARÁN TU VIDA

Lo voy a repetir. Las decisiones que tomes cambiarán tu vida. Algunas veces las cosas saldrán bien y otras, no saldrán como las esperas, pero fuiste valiente y elegiste hacer un cambio. Además, espero que ya hayas aprendido que los desvíos en el camino no son errores, sino oportunidades para perderte y encontrarte. ¡Tómalo siempre como una puerta que se abre y una nueva aventura!

Si yo no hubiera decidido renunciar a aquella empresa, a pesar de que me estaban ofreciendo un ascenso, mi vida sería completamente diferente y es probable que no hubiera encontrado el camino que me hace feliz y que me permite compartir el superpoder de contar historias para ayudar a las personas. Y tú puedes hacer lo mismo, pero siempre siguiendo tu instinto y tu fuego interior.

Tomamos decisiones en la vida porque sabemos que necesitamos un cambio, porque algo nos dice que las cosas necesitan avanzar o modificarse. Pero, claro, como somos seres humanos de costumbres, enfrentarnos a una decisión siempre nos generará miedo. Nos aterra dejar nuestra zona de confort y aventurarnos a lo desconocido. Pero cuando te sientas así, necesito que respires hondo y, antes de que la ansiedad se apodere de ti por todas las cosas desconocidas que hay en el futuro, pienses con mucho cuidado qué faceta de tu vida es la que requiere ese cambio. Puede ser que ya no estés contento con tu pareja, con tu trabajo, con el lugar en el que vives, con lo que estás estudiando o un sinfín de cosas. La clave aquí es que pienses en una sola cosa a la vez. Organiza tus prioridades.

Sé que una de las decisiones más difíciles de tomar es la de terminar una relación con tu pareja. Pero te lo voy a poner así: ¿por qué te da tanto miedo dejar a alguien a quien ya no quieres o que te dejó ir hace mucho a pesar de que siga contigo? Eres libre como el aire y el mar. Tienes el poder de empezar desde cero y construir algo que te hará más feliz y será más valioso. Date cuenta desde hoy que nada te ata a una persona que ya no es la correcta para ti. Aprende a volar y deja en el pasado la codependencia hacia las personas equivocadas.

Lo peor que puedes hacer es posponer indefinidamente una decisión. Es mejor perderse y enfrentarse a las consecuencias de una decisión que permanecer en un limbo que no te deja ir ni para adelante ni para atrás. Las decisiones son un paso que tomas para cambiar tu vida, para seguir tus sueños, pero eso no significa que las decisiones arreglen mágicamente todo. Tus problemas no se van a solucionar porque tomaste *una* decisión, pero sí que vas a estar en el camino correcto para aprovecharlos y crecer a partir de ellos. Sé valiente, las decisiones pueden dolerte, pero solo tú eliges si sufres o no.

Es muy importante que, cuando vayas a tomar una decisión, lo hagas porque tu fuego interior te impulsa a ello para redescubrir tu superpoder, pero no tomes decisiones solo "por ver qué pasa". La mente es muy poderosa y, si no te enfocas en tu propósito, vas a volver al mismo punto de partida. Si eres amante de las listas, ¡haz una! Dedícate una tarde a examinar cómo te sientes, a escuchar a tu intuición y a explorar aquello que quieres cambiar. Escribe los pros y los contras de la decisión que tienes en el horizonte y piensa si es el mejor momento para tomarla.

La paciencia también es una virtud para poder encontrar tu camino. Eso sí, ni se te ocurra posponer tus decisiones indefinidamente, ni dejes que el síndrome del impostor te diga que no eres capaz de dar ese paso o que te compares con los demás. "Es que otra persona tomó esa misma decisión y le fue mal". ¿Y? ¿Acaso tú eres esa persona? ¿Vives su misma vida? ¿Tienes sus mismas condiciones? Ningún camino es igual al otro y tienes que asimilar que eres diferente, que el resultado de tus decisiones nunca será el mismo que el de la otra persona.

Desde el día en el que decidas dar ese paso, vas a convertirte en esa persona poderosa e indomable que siempre has soñado ser, que no se limita ni se deja afectar por lo que dicen los demás o por cómo actúan. Decídete a dejar las dudas de lado, a seguir tu instinto y a cambiar tu vida porque todos tenemos un superpoder dentro.

Podemos echarle la culpa a la gente, dar razones e incluso inventar excusas, pero al final es un acto de cobardía no seguir tus sueños.

STEVE MARABOLI

CAPÍTULO 5

Las excusas que te dices

VENCÍ MIS EXCUSAS Y GANÉ MI SUEÑO

Lo hago luego. Todavía no estoy preparado. Ya es tarde, empiezo mañana. Es muy caro. Me da miedo. No, creo que mejor lo intento en otra ocasión. Es que tengo mucho trabajo. No tengo tiempo. Por ahora no creo que pueda... Excusas, excusas, excusas. Dime la verdad, ¿alguna vez has dicho alguna de esas frases? Sí, ¿verdad? ¡Piensa en todo lo que te perdiste por crear excusas! Te imaginas a Superman diciendo: "No, mejor mañana salvo el tren que va descarrilado". O al Profesor X pensando: "Tal vez creo la academia en otro momento". O a Spiderman diciendo: "Uf, es que tengo mucha tarea de la universidad, seguro encuentro al criminal mañana". No, ¿cierto? Si quieres hacerle honor a ese fuego interior que estás despertando y activar tu superpoder, tienes que aprender a dejar las excusas de lado. Si yo pude hacerlo, te aseguro que tú también.

Después de tomar la decisión de dejar la empresa en la que creaba estrategias de mercadeo y empezar a trabajar en mi canal de YouTube y en mis redes sociales, llegó un momento en el que mi presencia digital se hizo muy fuerte. Todos los días llegaban nuevas personas buscando mi ayuda para encaminar sus vidas, empoderarse y tener una perspectiva más positiva del mundo. Aunque ya había hecho cursos y mi especialización, todo el tiempo dudaba de mí y me decía que no estaba lista para dar el siguiente paso. ¿Cómo iba a ayudar a las personas si no tenía diez carreras y mil certificaciones? Hola, síndrome del impostor, mi viejo amigo.

Poco a poco me di cuenta de que me estaba estancando. ¡Ni siquiera me estaba perdiendo para encontrarme! Solo estaba allí, haciendo lo mismo de siempre desde mi zona de confort. Sin embargo, llegó un punto en el que dije "basta" y me lancé a hacer más cosas. Empecé a trabajar como *freelance* para dar consultorías de estrategia digital, de cómo crear contenido en internet para monetizarlo. Además de eso, gracias a mi formación en psicología positiva, creé diferentes grupos a los que les daba capacitaciones sobre cómo amarse a sí mismos y cómo atraer el amor incondicional a sus vidas.

Por todas las dudas y las excusas que me puse por el camino, retrasé muchísimo la creación de mi propia academia, de mis propios cursos y charlas. Sentía que no era lo suficientemente buena y que las personas pensarían que era un fraude, pero detuve esos pensamientos, respiré y pensé en todo lo que había logrado hasta entonces. No era una persona cualquiera que sencillamente daba consejos en internet, yo era Regina Carrot, una persona preparada, profesional y experta en los temas que abordaba. Si un montón de personas ahí afuera salían a dar consejos, charlas y capacitaciones sin tener nada de experiencia, ¿por qué el miedo me estaba limitando a mí, que sí estaba capacitada para ayudar a las personas con mi superpoder?

Me faltaba valentía, me faltaba convencer a mi mente de que los miedos eran una mentira y que, si bien nunca me sentiría 100 % preparada, sí podía seguir aprendiendo en el camino. Ni tú, ni yo, ni nadie vamos a saberlo todo en ningún punto de la vida. Siempre vamos a estar aprendiendo, mejorando y perfeccionando nuestras habilidades y superpoderes. Superman no aprendió a volar en un día, la Mujer Maravilla no dominó su lazo en una semana y Thor no se adaptó a la vida en la Tierra en un abrir y cerrar de ojos. Todo es un proceso.

Hoy en día, ese curso que tenía tanto miedo de lanzar —Cómo conquistar al amor de tu vida— tiene más de dos mil personas inscritas. ¡Es una locura! Ese salto al vacío y el éxito que vino después me ayudó a darme cuenta de que, definitivamente, mi fuego interior me estaba diciendo que mi vocación era ayudar a más personas, a enseñarles cómo había llegado yo hasta ese punto y a guiarlos para que pudieran vivir de sus pasiones, para que crearan marcas personales fuertes, para que eventualmente montaran sus propios cursos y, así, le devolvieran al mundo lo que aprendieron conmigo. De hecho, algunos de mis estudiantes se han convertido en *coaches* porque entendieron que no podían guardarse para sí mismos ese superpoder que habían desarrollado, y que lo más importante era compartir su pasión con el mundo.

LAS EXCUSAS SON UN DISFRAZ DEL MIEDO

Todo lo que siempre has querido está al otro lado del miedo. Si no estás listo para dejar eso atrás y lanzarte al vacío, entonces no estás listo para cambiar tu vida. Y quizás estés pensando ¿qué tienen que ver las excusas con el miedo? ¡Todo! Literalmente todo. Cuando dices que no quieres embarcarte en un nuevo proyecto "por ahora", lo que en realidad está sucediendo es que tienes miedo de tomar una decisión que puede sacarte de tu zona de confort. Tienes miedo de que no te vaya bien desde el primer momento, tienes miedo de cambiar tus rutinas y tus horarios, tienes miedo a perder dinero, tienes miedo a tener que trabajar muy duro los primeros meses hasta que las cosas se estabilicen.

El miedo es esa sensación que se apodera de tu mente y te dice que estás en peligro, que las cosas no van a salir como las has planeado. Y si bien sentir miedo nos ayuda a activar nuestra respuesta de *pelear o correr* cuando realmente estamos en situaciones peligrosas, te aseguro que el 90 % de las veces que sientes miedo no estás en peligro mortal. Muchos de los miedos que puedes sentir hoy en día están propulsados por la ansiedad que te generan los cambios en el futuro. Y como nuestra mente es tan poderosa y cree lo que le decimos, es probable que te quedes atascado en una vida que no te satisface si no eres capaz de romper ese patrón y vencer el miedo.

Ese miedo al cambio, a romper esquemas, a probar cosas nuevas, a incomodarte y a cambiar tus rutinas está solo en tu imaginación. El miedo es ese mecanismo de defensa que creó tu mente para mantenerte en tu lugar seguro, para que tu vida transcurra de la manera más sencilla posible. Pero, y quiero que esto lo pienses muy bien, ¿realmente crees que vas a alcanzar tus sueños si nunca te permites ir tras ellos? ¿Acaso crees que un día van a tocar mágicamente a tu puerta? ¡Por supuesto que no! ¡Despierta! Cuando tu mente siente que estás a punto de tomar una decisión que va a cambiar tus patrones de comportamiento, te recuerda todos tus miedos. ¿Y qué haces tú cuando tienes miedo? ¡Exacto! Te inventas excusas para no modificar tu entorno.

Vuelves una y otra vez al "estoy cansado", "no tengo tiempo", "no tengo dinero", "mi pareja no me deja", "ya estoy muy viejo para eso", "no creo que valga la pena trabajar tanto para eso". En este libro ya te he hablado de lo importante que es reconocer tus heridas, sanarlas, perdonar el pasado, tener el valor para perderte y encontrarte, darte cuenta de que tus dificultades te hacen más fuerte y que debes seguir el llamado que tu fuego interior despierta en ti, pero nada de eso va a pasar si no entrenas a tu mente para que crea que todo es posible. Cuando tu respuesta emocional, que es en donde se oculta el miedo, le gana a tu parte racional cuando estás a punto de tomar esa decisión que siempre has querido tomar, tienes un problema. El miedo y las excusas te están paralizando.

Te voy a proponer un ejercicio para cuando te enfrentes a una situación así. Imagínate que, por ejemplo, estás a punto de tomar una decisión que te permitirá ir a trabajar a otro país con el puesto que siempre has soñado. Piensa en cuál sería tu primera reacción. ¿Emoción? ¿Incertidumbre? ¿Miedo? Es normal que pases por todas esas emociones. Sin embargo, es probable que, si siempre te has escudado en las excusas, te quedes estancado en la última. Pero esta vez vas a hacer algo diferente. Respira hondo y pregúntate por qué tienes miedo. ¿Te asusta ir a un nuevo lugar sin conocer a nadie? Será difícil, pero conocerás a tus compañeros de trabajo, que seguramente luego te presentarán a más personas. ¿Tienes dudas sobre tu capacidad para hacer ese trabajo? Deja de pensar en eso. Si te seleccionaron entre decenas de candidatos es porque confían en tus habilidades.

Continúa con este ejercicio hasta que hayas respondido todas esas preguntas y dudas que te surgen desde un punto de vista completamente racional. Aquí, por el momento, deja tus emociones aparcadas. Es más, si estás haciendo este ejercicio y sientes que tu mente, los miedos y las excusas siguen saboteándote, siéntate junto a una persona en la que confíes muchísimo y pídele que sea ella o él quien responda esas preguntas con los dos pies en la Tierra. Escuchar que alguien confía en ti y ve las cosas desde una perspectiva externa te va a ayudar a silenciar esa voz de defensa que crea tu mente ante situaciones que se salen de la monotonía.

NUNCA ES TARDE PARA VOLVER A EMPEZAR

¿Crees que por agregarle un "todavía" o "por ahora" a ciertas frases no estás diciendo excusas? ¡No te engañes! Decir que no has hecho esto todavía o que no vas a tomar esa decisión por ahora son solo maneras, poco creativas, de esconder la negativa que te estás dando a ti mismo. Por supuesto que es entendible que debas tomarte un tiempo para preparar tu vida y tomar esa decisión que la cambiará, pero no alargues ese tiempo indefinidamente por miedo.

Te lo digo yo, comienza hoy a dar esos pasos que te está pidiendo tu fuego interior. No vas a alcanzar tu superpoder si solo sigues la misma rutina que has seguido durante los últimos años. ¡No tengas miedo a equivocarte! Ya te lo dije, los errores no te hacen débil ni menos capaz, los errores te impulsan a buscar nuevas oportunidades y a ser valiente. ¿Tú crees que Mark Zuckerberg tenía todo claro sobre Facebook desde que lo lanzó? Por supuesto que no. Ninguna persona ha desarrollado un proyecto o una idea nueva sin equivocarse. Pero ¿adivina qué?, tienes el permiso de ir aprendiendo por el camino, de ir arreglando las cosas que salgan mal, al igual que ese marinero, al que una tormenta desvió de su curso, que tiene toda la potestad de corregir las coordenadas y volver a tu ruta inicial cuando se calmen las olas.

Empieza hoy mismo con ese proyecto que siempre te propones hacer al comenzar un nuevo año. Da los primeros pasos para ese negocio que has querido montar, ahorra para el viaje que siempre quisiste hacer, inscríbete al gimnasio y no falles, apúntate a ese diplomado o licenciatura que te va a abrir más las puertas de tu futuro. El mundo es para las personas valientes, quienes toman decisiones y se atreven a ser indomables, a tomar las riendas de su vida y a compartir sus pasiones con los demás. De nuevo, el consejo más grande que puedo darte aquí es que no te compares. ¡Con nadie! Ni con tu hermano, ni con tu mejor amigo, ni con esa persona sobre la que leíste en las redes sociales y se hizo millonaria a los veinte años. No hay personas mejores o peores que tú, hay personas diferentes y cada una tiene su camino.

Nunca es ni muy temprano ni muy tarde para perseguir tu sueño y cambiar tu vida. Y te lo voy a demostrar con una lista de personas que seguramente conoces y que fueron muy exitosas, pero el punto aquí es que cada una de ellas logró las cosas en el momento correcto. Algunas cuando fueron muy jóvenes y otras cuando ya eran mayores. Inspírate en ellas, pero, recuerda, ¡no te compares!

* Cuando tenía 19 meses, Hellen Keller se quedó ciega y sorda, pero eso nunca la detuvo. De hecho, se convirtió en la primera mujer que obtuvo un grado universitario de Artes con esta discapacidad.
* Desde los 5 años, Mozart ya componía piezas y era un prodigio con el piano y el violín.
* Anne Frank comenzó a escribir su famoso diario con tan solo 13 años, durante la Segunda Guerra Mundial.

* Nadia Comăneci, una gimnasta rumana, tuvo puntajes perfectos y ganó tres medallas de oro en los Juegos Olímpicos cuando tenía solo 14 años.
* Tenzin Gyatso fue proclamado el Dalai Lama número 14 a los cinco años y, en 1950, cuando tenía 15 años, asumió el poder político.
* Pelé, el futbolista superestrella que murió en el 2022, tenía 17 años cuando ganó su primera Copa del Mundo con Brasil en 1958.
* Elvis Presley inicia su carrera a los 19 años.
* John Lennon tenía 20 años y Paul McCartney 18 cuando los Beatles realizaron su primer concierto en 1961.
* Beethoven era un prodigio del piano a los 23 años.
* Isaac Newton escribió su obra más famosa a los 24.
* Albert Einstein tenía 26 años cuando planteó la teoría de la relatividad.
* Lance E. Armstrong tenía 27 años cuando ganó su primer Tour de Francia.
* Miguel Ángel creó dos de sus más famosas esculturas, la Piedad y el David, a los 24 y 29 años respectivamente.
* A los 29 años, Alejandro Magno había creado uno de los imperios más grandes del mundo antiguo.
* Amelia Earhart tenía 31 años cuando se convirtió en la primera mujer que pilotó un avión a través del Atlántico.
* Oprah tenía 32 años cuando hizo su primer programa de televisión, que ahora es uno de los más famosos.
* Edmund Hillary tenía 33 cuando se convirtió en el primer hombre en alcanzar la cima del monte Everest.
* Martin Luther King Jr. tenía 34 años cuando escribió su famoso discurso Tengo un sueño.
* Marie Curie tenía 35 años cuando la nominaron para el Premio Nobel de Física.

* Vincent Van Gogh murió a los 37 años siendo un desconocido. Sin embargo, hoy en día sus pinturas son mundialmente reconocidas y valen millones.
* Neil Armstrong tenía 38 años cuando se convirtió en el primer hombre en pisar la luna.
* Mark Twain tenía cuarenta años cuando escribió *Las Aventuras de Tom Sawyer* y casi cincuenta cuando escribió *Las Aventuras de Huckleberry Finn*.
* Leonardo DiCaprio ganó su primer Óscar a los 42 años, después de una larga carrera de actuación.
* John F. Kennedy tenía 43 años cuando se convirtió en el presidente de los Estados Unidos.
* Henry Ford tenía 33 años cuando inventó su primer vehículo.
* Suzanne Collins, la autora superventas de *Los Juegos del Hambre*, tenía 46 años cuando escribió esta trilogía.
* Charles Darwin tenía 50 años cuando se publicó su libro *Origen de las especies*.
* Leonardo DaVinci era un hombre de 51 años cuando pintó la Mona Lisa.
* Ray Kroc tenía 53 años cuando compró la franquicia de McDonald's y la convirtió en un negocio multimillonario.
* Chesley "Sully" Sullenberger tenía 57 años cuando, como piloto, logró aterrizar el vuelo de US Airways en el Río Hudson de Nueva York, salvando a 155 pasajeros.
* El coronel Harland Sanders tenía 61 años cuando inauguró la franquicia de KFC.
* J. R. R. Tolkien tenía 62 años cuando se publicó el primer libro *El Señor de los Anillos*.
* A los 77 años, John Glenn se convirtió en el astronauta más viejo en formar parte de una misión del Space Shuttle.

* Tras varias operaciones de corazón y una batalla contra la diabetes, Yūichirō Miura logró alcanzar la cima del Monte Everest en tres ocasiones: cuando tenía 70, 75 y 80 años.
* A los 95 años, Nola Ochs se convirtió en la persona más anciana en graduarse de la universidad y obtener el título de Estudios Generales. Además, tres años después, a los 98, se graduó de una maestría.
* Fauja Singh corrió la Maratón de Bombay cuando tenía 104 años y portó la antorcha olímpica en dos ocasiones.

Después de leer esto, ¿quieres seguir creando excusas o estás listo para seguir recorriendo el camino de tu fuego interior para ser indomable, dejar los miedos de lado y cumplir el sueño de alcanzar tu superpoder? ¡Eso pensé! ¡Sigue adelante!

Los héroes están hechos por el camino que escogen, no por los poderes con los que nacieron.

IRON MAN

CAPÍTULO 6

La radiografía del superhéroe

¿QUÉ TIENES Y QUÉ TE FALTA PARA SER UN SUPERHÉROE?

Ya que dejaste las excusas de lado, estás un paso más cerca de convertirte en tu propio superhéroe y de encontrar tu superpoder. Ahora, como te habrás dado cuenta, el camino no ha sido fácil desde que identificaste esa herida que debías sanar para convertirte en valiente, pero no te preocupes. Las mejores cosas en la vida aparecen cuando logramos sobreponernos a esos obstáculos y a esas dificultades, a esas pruebas de fuego que nos transforman.

Ya que por fin estás escuchando a tu fuego interior y te estás dejando guiar por él, es tiempo de que empieces a pensar en qué clase de superhéroe te quieres convertir. Si bien cada persona puede tener una definición diferente de lo que significa ser un superhéroe, en general podemos pensar que es alguien que cuenta con habilidades extraordinarias para ayudar a quienes lo necesitan. Y no, los superhéroes no solo son aquellos que pueden volar, tienen muchísima fuerza, son capaces de correr a la velocidad de la luz o son invencibles, sino también son personas del día a día que, de una u otra manera, hacen nuestra vida y la de los demás mejor.

Hay algo que necesito que te grabes en la mente y que no olvides. Lo más importante que necesitas para convertirte en un superhéroe es tener empatía. Todos los grandes superhéroes, ya sean dioses o diosas como Superman, la Mujer Maravilla o Thor; ya sean personas normales que usan su inteligencia y la tecnología como Batman, Iron Man o la Viuda Negra; ya sean velocistas como Flash o Quicksilver; ya tengan capacidades mágicas como el Dr. Strange o la Linterna Verde, etc., todos ellos comparten la misma característica: son empáticos con las situaciones por las que las personas están pasando. Imagínate, si los superhéroes no fueran capaces de ponerse en los zapatos de los demás, ¿crees que arriesgarían sus vidas para salvarlos? Seguramente no. La empatía es lo que te permite sentir como propio lo que los demás están sintiendo. Esa es una de las características que nos hace humanos y, a la vez, superhéroes.

Con esta radiografía de los superhéroes que estamos haciendo, otra de las cosas que resalta muchísimo es que aquellas personas a las que admiramos tienen un gran sentido de la moral y se esfuerzan por hacer el bien en el mundo. Y a eso es a lo que quiero que llegues con tu superpoder cuando lo hayas identificado. Conviértete en la persona a la que otros admiran, da ejemplo y siéntete orgulloso cuando te digan: "Es que quiero ser más como tú". Cuando llegue ese momento y tú mismo sepas que has sanado tus heridas, que te has convertido en un valiente y que has estado usando tu superpoder para ayudar a los demás, sabrás que estás en el camino correcto.

A veces los superhéroes parecen figuras inalcanzables, pero es importante que en la búsqueda de la verdad, la justicia y la humildad, mantengas siempre los pies sobre la tierra. No tienes que flotar por encima de todos para ser admirado y reconocido; por el contrario, cuanto más te relaciones con las personas a tu alrededor y cuanto más accesible seas para ellos cuando necesiten tu guía y ayuda, mejor superhéroe serás.

Quiero que, cuando termines de pasar por todo el proceso que estás viviendo a medida que lees este libro, seas tu mejor versión. Deja de lado eso que te hizo daño y aprovéchalo para crecer, conviértelo en tu fortaleza y lánzate a ser la persona que siempre has querido. No tengas miedo de eliminar las excusas de tu vida y de dejar ir a aquellas personas que no le aportan nada a tu bienestar. Te vas a transformar en un superhéroe humano y quiero que seas auténtico, que no te dejes afectar por las cosas que dicen y hacen los demás (recuerda, la gente no *te* hace cosas, solo hace cosas; tú decides cómo tomártelas), que encuentres tu propósito de servir y ayudar a los demás, que estés tan orgulloso de ti mismo que desees convertirte en un modelo a seguir, que tengas empatía por el dolor de otros y, sobre todo, que vivas una vida normal, aterrizada, pero usando ese superpoder que descubriste y que puedes compartir con el mundo.

Puede que todo esto que te estoy pidiendo te abrume, pero no te preocupes. Respira. Ningún superhéroe se creó en un solo día. Los tiempos de cada persona son diferentes y el progreso también, así que no te angusties si sientes que vas más "lento" que los demás. Todas las personas son diferentes y, ¿qué crees?, ya te lo dije, ¡no te compares con nadie! Lo importante es que todos los días avances un poco. Es más, si alguna vez te sientes frustrado, te propongo que hagas una lista. Piensa en todas esas cualidades y características positivas que tienes y escríbelas. Luego haz lo mismo, pero escribiendo todas esas características y actitudes que crees que te faltan para poder ser tu mejor versión, para poder alcanzar ese superpoder.

De nuevo, no te abrumes si esa segunda parte de la lista sale muy larga. Te lo repito: todo eso que ves como un obstáculo es una oportunidad de crecimiento, de mejorar como persona, ¡de perderte para encontrarte! Además, ¿acaso crees que los superhéroes siempre hacen todo bien, que nunca fallan, que nunca los derrotan? ¡Claro que no! Lo que los hace más humanos, más cercanos a las personas que quieren ayudar son sus fallos. Igual que no puedes encontrarte sin perderte, tú y los superhéroes no pueden levantarse si no se caen. Lo importante es que no te rindas.

SUPERHÉROES HUMANOS

Te lo juro, nadie es inmune a cometer errores y por eso te voy a contar uno de los míos. Cuando trabajaba en la empresa de alimentos y bebidas que mencioné antes, además de todo el tema de mercadotecnia y de charlas de motivación, yo estaba encargada de presentar los reportes semanales y mensuales de las ventas, rotaciones, inventarios y números que tuvieran que ver con mi área. Todos esos reportes se los enviaba a los de finanzas porque ellos los usaban para hacer el cierre y los balances de ganancias y pérdidas. Mi trabajo era un punto clave del proceso y siempre me había salido bien, pero en algún momento tuve uno de esos terribles errores de dedo. En uno de mis informes de ventas, escribí que habíamos ganado 10 millones de pesos mexicanos (unos 520,000 dólares) en lugar de 100,000 pesos mexicanos (unos 5,200 dólares). ¡Cómo cambian las cosas con dos ceros!

Yo, obviamente, no me di cuenta en el momento y, de hecho, nos empezaron a felicitar un montón, le contaron las buenas noticias al presidente de la compañía y ya estaban aprobándonos más presupuesto para hacer más campañas que tuvieran el mismo impacto. Pero toda la felicidad acabó muy pronto porque el gerente sintió que algo no iba bien y revisó mi informe. Él notó el error y me lo señaló. De verdad había puesto dos ceros de más allí. Me sentí muy mal, pero claramente tuve que ir al departamento de finanzas a contarles sobre mi error para que ellos arreglaran todos sus cálculos. Pedí perdón una y mil veces, nos quitaron nuestro premio, el presupuesto extra y se olvidaron las felicitaciones.

Si bien recuerdo ese momento con muchísima angustia y vergüenza, aprendí algo muy valioso de ese error y ese bache en el camino. Aprendí a revisar una y mil veces mis presentaciones, mis informes, los números que pongo, la información que presento... ¡absolutamente todo! Y no solo lo hice durante mi tiempo en la empresa, sino que sigo aplicando esa misma lección de revisarlo todo varias veces para mis cursos, mis *showferencias*, mis presentaciones y todo lo demás. Ese error me ayudó a entender que tener estructuras en los procesos de mi vida y de mi trabajo es muy útil. Estoy segura de que se me siguen pasando detallitos, pero también entiendo que no soy perfecta, que eso le puede pasar a todo el mundo. Sin embargo, lo importante es que de verdad aprendí algo en el camino y no dejé que ese error me derrumbara por completo.

Los errores y la humanidad de los superhéroes hacen que los veamos tan reales. Además, a pesar de lo idealizados que podemos tenerlos, también debes recordar que ninguno tuvo un origen fácil y todos han tenido que sobreponerse a adversidades, dudas, juicios de valor y heridas para llegar a donde están. Batman perdió a sus padres, el planeta de Superman explotó, Tony Stark fue un alcohólico narcisista, la Viuda Negra era una espía y una asesina... Sin embargo, lo que los convirtió en superhéroes es que tomaron la decisión de ser buenos, de no dejar que su pasado y sus errores los afectaran. En lugar de eso, aprovecharon esos momentos de estar perdidos para encontrarse, para dejar las excusas de lado, para no tomar el camino fácil de sencillamente culpar a sus circunstancias y usaron sus habilidades para ayudar a las personas que lo necesitaban.

SÉ DIFERENTE A LOS DEMÁS

Para despertar tu superpoder, necesito que tomes una decisión consciente de no conformarte con lo fácil, de no quedarte en donde siempre has estado cómodo, de no dejar para mañana o más tarde lo que puedes hacer ahora mismo. El fuego interior que lograste encender en tu interior no es un elemento que va a brillar eternamente sin que lo ayudes. Debes comprometerte siempre a mantenerlo encendido, dándole experiencias que lo alimenten y lo hagan arder cada vez más fuerte. Ese fuego que tienes dentro no solo te está dando el impulso y la energía que necesitas tú mismo, sino que está iluminando el camino que debes seguir para encontrar tu superpoder, aprender a controlarlo y compartirlo con el mundo.

Por eso mismo no puedes ser un espectador pasivo de tu vida, no puedes quedarte sentado esperando a que algo cambie, a que las oportunidades lleguen milagrosamente hasta la puerta de tu casa. Tienes que esforzarte, sanar, trabajar en ti mismo y ser valiente. En un mundo lleno de borregos que se dejan manipular por lo que dicen los demás o por lo que todos están haciendo, ten la fortaleza de detenerte, pensar un momento y decidir que no vas a ser un borrego más. Tú vas a ser el león que protege a quienes más quiere, que lidera una manada y que exilia de sus territorios a los que no le permiten crecer y amenazan su vida.

Para convertirte en esa persona indomable, en ese superhéroe que deseas ser, entiende que es posible que algunas cosas de tu vida deban cambiar. Las personas llegan a tu vida por una razón, pero también se van por otra. Pueden irse o puedes dejarlas ir, pero recuerda que todos nos dejan una lección al igual que tú les dejas una marca en sus vidas. Todas tus decisiones, especialmente la de seguir este camino de la valentía y el autodescubrimiento, transforman tu vida y a las personas que están o alguna vez estuvieron en ella. Agradéceles por haber compartido contigo y, si sientes que dejaron una herida en ti, perdónalas. Sin embargo, si crees que es necesario por tu propio bienestar, no les devuelvas el acceso a tu vida. Acepta sus disculpas, pero déjalos ir.

Con cada decisión que tomas para seguir alimentando tu fuego interior, estás dando un paso más para dejar de ser esa damisela o caballero en apuros y te estás convirtiendo en tu propio superhéroe. Recuerda, ya te lo dije, nadie va a venir a salvarte. El darle un nuevo rumbo a tu vida está solo en tus manos. Tú tienes el poder de sanarte, transformarte y desarrollar tu personalidad individual para destacar en el mundo. Forma tus propias ideas, tus propias opiniones, y defiéndelas para hacer de tu entorno un lugar de conversaciones y de crecimiento. Nunca olvides que, si todos están pensando igual, significa que ninguno está pensando.

Si tu objetivo realmente es descubrir tu superpoder y ser un superhéroe para ti mismo y para los demás, nunca caigas en la complacencia, en la comodidad de lo conocido. Lucha por ser mejor, por ser valiente, por ser libre y por poder transmitirle al mundo entero tu mensaje. Una vez que descubras tu superpoder, te vas a dar cuenta de que va a ser imposible contenerlo solo para ti. Los superhéroes no son egoístas y siempre, escúchame bien, siempre, están aprendiendo de sus errores, experiencias y fallos. Sé como ellos y atrévete a estar en constante aprendizaje. Al final, si eres la persona más inteligente en un lugar, estás en el lugar equivocado, créeme. Rodéate de personas que sumen a tu vida, que te desafíen y te impulsen a ser mejor. Justo allí, estarás en el lugar indicado.

Somos muy fuertes cuando admitimos nuestra debilidad.

HONORÉ DE BALZAC

CAPÍTULO 7

¿Cuál es tu kryptonita?

LOS ROLES QUE TE CONTROLAN

Los superhéroes no son perfectos y tienen debilidades. Es más, son sus debilidades y lo que han hecho para superarlas las que los han hecho más fuertes, valientes y reconocidos en el mundo. Superman es el superhéroe más famoso del mundo y tiene una debilidad: la kryptonita. Es muy curioso que la debilidad del hombre más fuerte del mundo, del famosísimo hombre de acero, venga de su propio planeta. Por si no lo sabías, la kryptonita viene de Krypton, su lugar natal, y solo llegó a la Tierra después de que algunos villanos la encontraron flotando en el espacio. Pero al mismo tiempo, para mí, todo tiene sentido. Si lo piensas, tus mayores debilidades tienen su origen en ti mismo, en circunstancias de tu infancia o en actitudes o roles que has adoptado.

Si bien tus debilidades son oportunidades de crecimiento, es importante saber reconocerlas para sanarlas, para que dejen de limitarte a ti y a tus relaciones, para que no afecten tu autoestima y te permitan soltar esas responsabilidades, miedos y culpas que no te dejan avanzar. Quiero que vuelvas a pensar por un momento en lo que hablamos sobre las heridas emocionales al principio de este libro. Todas esas actitudes que desarrollamos desde pequeños, respondiendo a las heridas que nos causaron, son un reflejo de un personaje que creamos para sobrevivir, para adaptarnos, protegernos y sentirnos dignos del amor que las personas a nuestro alrededor podían brindarnos. Sin embargo, para que te conviertas en un superhéroe y compartas tus habilidades con el mundo, tienes que dejar de lado esas máscaras, ese personaje, y transformarte en quien estuviste destinado a ser.

A lo largo de la vida, de acuerdo con el psicólogo Stephen B. Karpman, las personas pueden desarrollar y adoptar tres roles diferentes: el perseguidor, el salvador y la víctima. Estos roles pueden actuar como esa "curita" que te pones para proteger una herida, pero realmente te están limitando y necesitas reconocerlos para romper sus cadenas y seguir con tu proceso de transformación. Suena difícil, pero te voy a dar una guía para que los identifiques y sepas cómo desligarte de ellos.

¿No estás de acuerdo con nada? ¿Te gusta ponerles apodos a las personas? ¿Sientes la necesidad de protestar hasta por lo más mínimo, de culpar a alguien más por lo que haya sucedido? ¿Tienes una personalidad muy explosiva y a veces terminas insultando o humillando a las personas? Si para estar seguro en ti mismo necesitas reafirmar tus comportamientos todo el tiempo, ejerciendo poder sobre los demás o intimidándolos, lo más seguro es que estés adoptando el rol del perseguidor. Cuando estás dentro de este rol, vas a estar lleno de excusas y siempre vas a insistir en que los demás son quienes tienen que cambiar, no tú.

Este rol va en contra de todo lo que has leído sobre sanar tus heridas, encender tu fuego interior y buscar tu superpoder. Sin embargo, recuerda que los obstáculos, incluso los que te autoimpones, son una oportunidad para reencontrarte y corregir tu camino. Lo principal para alejarte de ese rol es reconocerlo. Acéptalo, agradécele por protegerte cuando lo necesitaste, pero dile que ya es hora de partir. No te juzgues y piensa en tu objetivo. Empieza por cambios pequeños: llama a las personas por su nombre, respira hondo cuando quieras explotar, ponte en los zapatos de los demás cuando cometan un error que te molesta. No tienes por qué tomarte todo como un ataque personal, esa es solo la manera en la que lo estás interpretando. Recuerda esto y respira cuando estés pasando por una de estas situaciones.

Dejar atrás un rol al que te has acostumbrado no va a suceder de la noche a la mañana, pero Spiderman tampoco aprendió a volar por la ciudad con sus telarañas en un abrir y cerrar de ojos. Todo es un proceso y todos tenemos nuestros tiempos. Habrá baches en el camino, pero aprovéchalos para preguntarte para qué te sirve ese rol que estabas adoptando, cómo te sentirías si por fin te libraras de él, cuáles eran las situaciones en las que te limitaba y, finalmente, cómo va a mejorar tu vida y las de aquellos a tu alrededor cuando vuelvas a ser tú mismo y no el perseguidor.

En un lado completamente opuesto del espectro, puedes verte estancado en el rol del salvador. Y te preguntarás: "¿Y es que los superhéroes no son salvadores? ¿No tendría que esforzarme por ser precisamente eso?". ¡Claro! Los superhéroes quieren salvar al mundo y a las personas, pero la diferencia entre los superhéroes y los salvadores es que esos últimos se preocupan tantísimo por las necesidades y los sentimientos de los demás que no prestan atención a los suyos propios. ¿Cómo vas a poder ser un ejemplo y compartir tu superpoder si no te cuidas a ti mismo? Y la realidad del rol del salvador es que, detrás de eso, se esconde una persona que es insegura y que busca el amor de los demás a través de sus propios y excesivos sacrificios.

Los salvadores siempre están pendientes de la felicidad y bienestar de quienes los rodean, pero casi nunca expresan lo que ellos mismos quieren, sus necesidades y sentimientos. Precisamente, por esa falta de comunicación, si eres un salvador, te vas a sentir frustrado cuando las personas no reconozcan tus sacrificios y explotarás y te quejarás porque todo lo tienes que hacer tú, nunca te ayudan, etc. Pero la verdad es que fuiste tú mismo quien te pusiste en esa posición.

Te lo repito, si no te salvas a ti mismo, ¿cómo vas a pretender salvar y ayudar a los demás? Para alejarte del rol del salvador, tienes que dejar ir esa responsabilidad autoimpuesta de complacer a todo el mundo. ¡Eso es imposible! Ayuda a los demás cuando te lo pidan, pero deja que resuelvan sus problemas. Ya aprendiste que cada adversidad que alguien supera es parte de su proceso de crecimiento y reencuentro. Permíteles andar su propio camino.

Cuando estás en el rol de salvador, desequilibras las relaciones de tu vida, ya sean de amistad, familiares, románticas o de trabajo. Todas las relaciones son una calle de doble vía, y cuando te comportas como el salvador, das más de lo que la otra persona te está dando, te estás poniendo por encima de ella para retener el control. Ese desequilibrio es el que acaba con las relaciones, así que intenta no romperlo, dar un paso atrás y permitir que las otras personas resuelvan sus problemas y también te ayuden a ti. Es difícil dejar de lado el impulso de querer ayudar y, en realidad, ayudar no está mal, pero nunca te olvides de ti mismo y no le quites la independencia a quienes te rodean.

Finalmente, tenemos el rol de la víctima, el cual está muy ligado a las excusas que te das a ti mismo y a los miedos que permites que te controlen. Cuando estás en este rol vas a sentir que todo el universo, tu presente y tu pasado están conspirando en tu contra, que lo único que hacen es mandarte una adversidad tras otra. Sientes que no tienes capacidad de decisión, que los demás te manipulan y que realmente no les importas. El rol de la víctima está muy unido a las heridas de abandono que sufrimos en nuestra infancia y se manifiestan en la adultez. Ese miedo a quedarnos indefensos, vacíos y solos nos impulsa a presentarnos siempre como víctimas, pues de esa manera creemos que podemos ganarnos la simpatía de los demás.

Quedarte estancado en el rol de la víctima apagará tu fuego interior y quedarás perdido en el limbo para siempre. Pero, como con todo, el rol de víctima puedes tomarlo como una dificultad que te está dando la oportunidad de crecer, de salir de allí y dar un paso más para convertirse en quien siempre estuviste destinado a ser. ¿Quieres que las cosas cambien y ya quieres dejar de ser una víctima? Mírate al espejo y di: "Ya no quiero sufrir, no voy a tratarme más de esta manera y no voy a dejar que los demás lo hagan". Recuerda, tu mente es poderosa y cree lo que le dices, así que ese es el primer paso para que cambien las cosas para ti y para tu vida. Sí, hablarte al espejo puede parecer una acción pequeña, pero son las acciones que parecen insignificantes al principio las que crean los cambios más grandes e importantes en tu vida al final.

Por ejemplo, en vez de quejarte por algo, toma esa situación como una oportunidad para ser proactivo, para dar soluciones. Perdónate a ti mismo y a tu pasado, sana las heridas que te transformaron en la infancia y míralas con aceptación y comprensión. Todo lo que te ha dolido en la vida, todas las adversidades que te hicieron sentir victimizado llegaron para enseñarte, para ayudarte a crecer. Apégate a las personas que te sirven de maestros, que te acompañan en el camino para sanarte y que alimentan tu fuego interior. Deja ir a todos aquellos que dejen de lado tus sentimientos, que te quiten tu poder personal o que no te enseñen nada. Esas son cargas que no necesitas y que no te permitirán volar cuando sea el momento adecuado.

Estos tres roles —el perseguidor, el salvador y la víctima— se necesitan mutuamente, así que en cuanto logres eliminar alguno de tu vida, tendrás un montón de progreso ganado para dejar de lado los otros dos y, por fin, poder seguir construyendo esa fortaleza y personalidad propia que te permitirá convertirte en un superhéroe valiente, que se protege a sí mismo y a los demás, que tiene límites y que comparte su superpoder con el mundo.

EL EXCESO DE PASADO Y DE FUTURO

Así como retomaste el control de tu personalidad y tus actitudes al desligarte de los roles que habías asumido, debes mantenerte fuerte para que los factores externos y las personas no controlen tu mundo interior y tus sentimientos. Si crees que tu debilidad se centra en inseguridades y problemas emocionales, vuelve a revisar tus heridas emocionales. Quizás pensaste que las habías sanado y te equivocaste. El proceso para encontrarte a ti mismo y a tu superpoder no va a ser lineal y no debes frustrarte por eso. Es más, cuanto más te caigas, más fuerte volverás y habrás aprendido más en el camino. Recuerda que las cosas son como decides verlas.

El mundo solo conspira en tu contra si se lo permites, pero si centras tu mente en lo positivo y la convences de que lo lograrás, entonces así será.

Ahora, una de las debilidades más comunes que puedes identificar en ti mismo es la incapacidad de vivir en el presente. Cuando tu kryptonita toma forma y se vuelve un estado mental, tienes que esforzarte por adquirir las herramientas que te permitan volver al aquí y al ahora. Revivir una y otra vez tus experiencias del pasado, recordar los tiempos que "fueron mejores", rememorar los momentos que viviste con personas que ya no están o pensar que quizás debiste quedarte en el pasado es uno de los síntomas de la depresión.

A pesar de que en este libro te he invitado a revisitar tu pasado para identificar cuáles fueron las heridas emocionales que se crearon en tu infancia y están afectando tu adultez, lo hice con la intención de que examinaras esos recuerdos desde el presente, con la madurez que te han conferido los años que han pasado desde entonces, para que empieces a sanar y a perdonar. Cuando recuerdas tu pasado para trabajar, corregir y construir mejores cosas en tu presente, estás haciendo un ejercicio de transformación para construirte un mejor futuro. Sin embargo, si esas visitas a tu pasado se convierten en todo tu presente y te olvidas de vivir el día a día, si dejas de lado a quienes te quieren y te encierras en ti mismo, quizás es necesario que hables con un profesional.

En el caso contrario, si tu kryptonita es que tu mente siempre se enfoca en el futuro, en los cientos de posibilidades, en los "qué pasará si..." y en la incertidumbre del mañana, es muy probable que tengas ansiedad. Y sí, podríamos decir que la depresión es el exceso de pasado y la ansiedad el exceso de futuro. Cuando solo piensas en lo que podría pasar, sin siquiera haber tomado una decisión que pudiese desencadenar algo en el futuro, te estás privando de vivir en el aquí y ahora. Ese miedo al futuro te impide tomar decisiones, te paraliza y no deja que salgas de tu zona de confort. La ansiedad es esa voz que te dice todo el tiempo que algo malo puede pasar, que vas a ponerte en peligro, que vas a caer al vacío.

Es importante que en la vida tengas metas para el futuro, que encuentres esa inspiración que va a mantener encendido tu fuego interior, pero si llegas a un punto en el que lo único que te preocupa son las posibilidades y te ves paralizado por el miedo, la incertidumbre y el pánico, es momento de buscar ayuda profesional. Si bien hay herramientas muy poderosas como la meditación y el *mindfulness* para, precisamente, enseñarle a tu mente a vivir en el ahora y a desestimar los pensamientos intrusivos que te anclan al pasado o al futuro, creo firmemente que la ayuda de una persona especializada en salud mental puede permitirte recorrer el camino de la sanación con más apoyo y efectividad.

No permitas que nadie te haga sentir mal por necesitar la ayuda de un terapeuta, un psicólogo o un psiquiatra. Estas personas estudiaron sus carreras y se especializaron para guiarte y darte todas las herramientas para que puedas salir adelante. Tener depresión, ansiedad o cualquier otra condición de salud mental puede ser tu debilidad, pero a la vez es una oportunidad que puedes aprovechar para realmente sanar ese pasado que no te permite ser libre en el presente o esas inseguridades que no te dejan ver el futuro. A veces, hablar con tus amigos, familia o pareja no es suficiente. Quizás te da vergüenza admitir algo o sencillamente crees que te van a juzgar. Sin embargo, y estoy segura de que lo has experimentado, hablar con alguien que no te conoce y que no tiene un juicio previo sobre ti es una de las cosas más liberadoras que puedes experimentar.

Incluso los superhéroes más fuertes, cuando saben que tienen que enfrentarse a una amenaza que los supera, buscan la ayuda de otros superhéroes y grupos. Piensa en cuántas veces la Liga de la Justicia ha tenido que trabajar junta o cuántas veces los Vengadores han unido sus fuerzas para salvar al mundo. Pedir ayuda, necesitar ayuda, no te hace más débil, sino que demuestra tu valentía y tus ganas de darle un giro a tu vida. Ahora, otro gran signo de valentía, que muchas veces pasa desapercibido, es hacer todo lo contrario: alejarte de aquello que te hace daño.

LOS VILLANOS DE TU HISTORIA

Para poder sobreponerte a tu kryptonita personal, también tienes que saber que en tu camino para convertirte en superhéroe y encontrar ese superpoder que te hará único vas a tener que enfrentarte a muchos villanos. Todos los superhéroes necesitan enfrentarse a personas o situaciones que pongan a prueba tanto su fuerza y su valentía como su poder y moralidad. Si estos antagonistas no existieran en sus historias, y si a veces no fueran más fuertes que los propios superhéroes, esos modelos a seguir que tanto admiramos nunca habrían tenido la motivación suficiente para intentar ser mejores y hacer que el bien prevaleciera.

Los villanos de nuestras historias nos dan la oportunidad de convertirnos en nuestras mejores versiones. Y aquí, en la vida real, los villanos no necesariamente son otras personas, sino que pueden ser situaciones, sentimientos, secretos que te acechan o, incluso, tú mismo. Es difícil de aceptar, pero a veces las personas que son más cercanas a nosotros son las que más daño nos hacen, las que más nos estancan en un lugar y las que más nos controlan. Alguna vez leí que son las personas que nos aman las que tienen el poder de destruirnos precisamente porque nos conocen tan bien. Pero esto no quiere decir que, a partir de este momento, no puedas confiar en nadie.

Por el contrario, lo que debes hacer es identificar a esas personas que realmente te hacen bien, que te impulsan a cumplir tus sueños, que siempre están ahí para ti y que, por muy incómodo que sea, te dicen cuando estás haciendo algo mal o te dan los consejos más duros de escuchar. Esas son las personas que debes tener como aliadas. Las demás, las que te hacen sentir menos, las que estancan tu potencial, las que te devuelven a los roles de perseguidor, salvador o víctima, son los villanos de tu historia. Y como el superhéroe valiente en el que te quieres convertir, debes tener la capacidad de enfrentarlos y pedirles que cambien sus actitudes. Y al final, si eso no funciona, por tu propio bien, debes alejarlos de tu vida.

Recuerda, nadie más que tú te va a cuidar y salvar. La culpa de muchas situaciones no es de terceros, pues realmente, si has logrado construir una personalidad emocional fuerte y estable, nadie puede entrar a tu vida si no se lo permites. Nadie puede hacerte daño porque la gente hace cosas, no *te* hace cosas. Cuando dejas de tomarte todo personal y dejas de justificar los comportamientos tóxicos de los demás, todo en tu vida empieza a mejorar. Te vas a sentir más libre, y el fuego que tienes en tu interior va a brillar con más fuerza. Eso te va a dar el valor que necesitas para alejarte de quienes rompieron tu confianza, de quienes parecían tus mejores amigos, pero en realidad no querían lo mejor para ti.

Esos son los verdaderos villanos que tienes que derrotar para resurgir como un ave fénix, para ser esa persona que se salva a sí misma. Es duro dejar ir a personas que querías, pero lo más importante al final del día es que te quieras a ti y te priorices. Nunca sabes lo fuerte que eres hasta que perdonas a esa persona que te hizo daño y nunca se arrepintió, hasta que aceptas que hay disculpas que nunca recibirás. Sin embargo, lo más valioso de esto es que sabes que has derrotado a un villano, a una debilidad, y que ese daño no controlará más tu vida.

Ahora, hay villanos que pueden estar dentro de ti y que, quizás, son aún más peligrosos que las personas o situaciones externas. A veces, tu mente es el villano más fuerte que derrotarás en tu vida. Y sí, como lo leíste, lo vas a derrotar. Es una certeza. Cuando tu mente trabaja en tu contra, quiere decir que la convenciste de que podía sabotearte, que le diste el poder. Quizás tienes muchos secretos que te atormentan y que no has querido enfrentar, quizás estás dejando que las excusas dominen tu vida o quizás estás permitiendo que los fantasmas de tus acciones pasadas te acechen día y noche.

Para derrotar a estos villanos quiero que hagas un ejercicio muy parecido a la meditación. Normalmente, cuando escuchas meditaciones guiadas, lo que te piden es que reconozcas los pensamientos y no interactúes con ellos, que simplemente los dejes pasar. Aquí quiero que hagas todo lo contrario, pues para vencer esos villanos en forma de secretos, excusas y arrepentimientos, lo que debes hacer es enfrentarlos. Respira hondo e identifica esos secretos que no te dejan ser libres, míralos a la cara y pregúntate si de verdad quieres darles el poder de controlar tu vida, si de verdad son tan importantes como piensas que son, si el dejarlos ir o hablarlos con alguien va a causar una catástrofe. Estoy casi segura de que, en la mayoría de las ocasiones, te vas a dar cuenta de que tu mente hizo de ese secreto, de ese miedo, algo mucho más grande de lo que en realidad era.

Cuando te des cuenta de que tienes la capacidad de dejar ir esas cargas diciendo la verdad, hablando francamente con alguien, pidiendo perdón o aceptando tu responsabilidad en ese hecho que tanto te pesaba, tengo la certeza de que vas a sentir que todo tu cuerpo se relaja, que puedes respirar con más facilidad y que la calidez que sientes ya no se debe al estrés que te atenazaba por culpa de los secretos, sino al fuego interior que estás alimentando cada vez que das un paso más para sacar y compartir tu superpoder.

Acostumbra a tu mente a pensar en positivo, a no atacarte y a convertirse en una herramienta más que usas para crecer. Tú tienes el poder, y la mente te escucha. Si eres amable, agradecido y compasivo con ella, estarás tratándote bien a ti y atrayendo la energía que necesitas para salvarte y ayudar a cambiar el mundo.

Cuando eres feliz, cuando le dices que SÍ a la vida y te diviertes y proyectas positividad a tu alrededor, te conviertes en un sol en el centro de cada constelación. Así las personas siempre querrán estar a tu alrededor.

SHANNON L. ALDER

CAPÍTULO 8

La ley de la atracción y la abundancia

CONVENCE A TU MENTE DE QUE SÍ PUEDES

Cuando quise volver a empezar, después de renunciar a la compañía de alimentos y bebidas que te mencioné antes, me sentí perdida. No sabía cómo iba a ser mi vida a partir de ese momento, pero sí tenía claro que quería compartir mis mensajes con el mundo y ayudar a las personas. Por eso, desde el primer día que empecé a subir videos a YouTube, decidí creérmelo por completo. Estaba llegando a los mil suscriptores y decía orgullosamente que era *youtuber*. Y, créeme, no fue fácil, pero sabía que tenía que creérmelo, interiorizarlo. Mi mente tenía que creérselo tanto como yo para que, juntas, pudiéramos atraer todas las oportunidades que queríamos.

En esa época, las personas no entendían qué era ser *youtuber* y mucho menos *influencer*. De hecho, sentía que me juzgaban porque pensaban que había renunciado solo para "hacer videítos y tonterías en redes sociales". Las personas no entendían que, para mí, YouTube y mis plataformas eran una manera de compartir mi superpoder con el mundo, de hablarles a miles de personas que quizás necesitaban mis palabras. Si bien no era cómodo escuchar sus comentarios juzgándome, me di cuenta de que lo importante era lo que yo pensaba. Entendí que la gente siempre va a opinar sobre lo que haces, pero lo vital es que, si estás siguiendo tu sueño, te lo creas desde el primer momento. ¡Incluso desde antes!

Si trabajas en una empresa y siempre has soñado con ese ascenso que eventualmente te convertirá en gerente, actúa desde el primer día como si ya fueras el gerente. Acepta responsabilidades, destácate, sé proactivo y visibilízate ante los directivos. Así, cuando llegue el día en el que se abra una vacante de un rango superior, las personas van a pensar en ti como una primera opción porque te has posicionado y has actuado como el rol que ellos necesitan suplir. La elección para ellos va a ser obvia.

Yo siempre visualicé, como si tuviera una bola de cristal delante, que me iba a ir bien en YouTube, que iba a construir mis redes sociales como una plataforma de *coaching* y psicología positiva y que me dedicaría a dar conferencias en diferentes ciudades y países. Todos los días lo veía, lo visualizaba y entrenaba a mi mente para que creyera que ese camino era posible, que estábamos trabajando para lograrlo. Y es que en eso consiste la ley de la atracción. Cuando reúnes toda tu energía positiva y piensas todos los días en que aquello que quieres es posible, el universo conspira a tu favor, te da oportunidades y te acerca a lo que siempre has soñado. Habla siempre en presente: "Soy una persona fuerte, indomable y transmito mensajes positivos a través de mis redes sociales". No digas: "Algún día seré fuerte, indomable y ojalá pueda transmitir mensajes positivos por alguna vía". Decrétalo en el presente y convéncete de lo que estás diciendo.

Hay algo que a mí me funciona mucho: llevar conmigo, ya sea una foto o en la cabeza, el *vision board* que creo todos los años. Allí, a través de imágenes, frases y recortes, plasmo todo lo que quiero lograr en el año que va a empezar. Por ejemplo, dos de las cosas que incluí en mi *visión board* del 2023 fueron publicar este libro y crear una conferencia para presentarlo. Cuando tienes claras las cosas y sabes a dónde quieres llegar, la mente, el universo y el destino te van a presentar las oportunidades que querías. Y precisamente, como ya habías visualizado esas oportunidades, las vas a tomar y no vas a dejar que se te escapen por dudar o por el qué dirán de los demás.

Ahora, no creas que por solo pensar las cosas van a suceder mágicamente. Siempre hay trabajo duro detrás de todo. Cuando empecé en el camino para convertirme en *youtuber* y usar mis redes como mi plataforma, pensé en qué necesitaba. Y lo hice organizando todo por pasos. Una de esas cosas fue crear un *media kit* para siempre tenerlo a la mano y enviárselo a las marcas con las que quisiera trabajar. Pues bien, lo necesitaba y lo hice. También era muy importante tener un correo profesional, así que creé uno. En esa época, cuando contestaba los correos con las cotizaciones que me pedían, firmaba como si fuera mi mamá la que estaba respondiendo, como si fuera mi mánager. Otro paso muy importante fue comprar cámaras para mejorar la calidad de mi contenido. Y así, poco a poco, fui creando todo lo que necesitaba para ejecutar mi plan.

Siempre he pensado que cuando organizas todo con su debido orden, cuando sabes cuál es tu fin y lo que quieres lograr, es mucho más fácil planear los pasos que te van a llevar a tu destino, a tu sueño. A mí me sirve mucho desglosar mis proyectos y metas de una manera visual, de allí que me encante hacer los *vision boards* todos los años. Sin embargo, el camino de cada persona es diferente. Quizás a ti te sirva mucho escribir listas, repetirte las cosas una y otra vez en la mente, dibujar, o cualquier otra cosa. Lo importante es que sigas tu instinto, el fuego interior que te guía, y siempre pienses en presente.

LAS DIEZ MIL HORAS DE LA ABUNDANCIA

Para tener abundancia, debes establecer fechas para tus metas. No puedes pretender simplemente que sean alcanzadas en algún momento. Cuando tienes una fecha límite para tu proyecto o tu sueño, eres capaz de medir las cosas que estás haciendo para lograr que pasen. Además, cuando tus metas y sueños son medibles, puedes ver tu progreso y eso te va a motivar para seguir avanzando. ¿Y qué crees? Cuando estás motivado, las cosas suceden de la mejor manera posible.

Después de ponerme fechas para lograr mi nueva carrera como *youtuber* y *coach* y de analizar qué era lo que me faltaba para empezar, comencé a prepararme. Esta iba a ser una nueva vida para mí y necesitaba ser mi mejor versión para poder ayudar a los demás. Una vez que me decidí a intentarlo, tuve mi camino claro y trabajé para poder recorrerlo. A veces la gente cree que manifestar y atraer abundancia a tu vida consiste en dejar todo al azar, en manos del universo, o sencillamente decir: "Bueno, si Dios quiere...". Pero no, la abundancia y la ley de la atracción no consisten en eso.

No puedes solo recitar una oración la noche anterior pidiendo lo que quieres o decir una afirmación frente al espejo, necesitas tener un plan claro y que, por supuesto, se apoye en la idea de la manifestación, de creerte las cosas. Pero nada sucede de la noche a la mañana. Y sí, crear un plan y estructurarlo es difícil, pero yo creo en ti. En este punto ya estás en el camino de sanar tus heridas, de reencontrarte contigo mismo y de reunir la valentía necesaria para seguir tu fuego interior y compartir tu superpoder con el mundo. Has llegado hasta aquí y puedes ir aún más lejos. Planea y trabaja duro para cumplir tus sueños.

Todo, absolutamente todo lo que quieras en la vida, requiere de trabajo. Y si, como yo, quieres usar tu superpoder a través de las redes sociales, debes ser consciente de que crear una marca personal y potenciarla a través de YouTube y diferentes plataformas no es fácil. A veces las personas creen que es muy fácil grabar un video y subirlo, pero hay mucho detrás de eso. Hay horas y horas de preparación, de grabación, de edición, de interacción, de correos electrónicos, de responder comentarios. Parece sencillo, pero realmente es un trabajo que requiere mucho de ti y de tu energía. No es para todos, pero lo que hago me hace infinitamente feliz, por eso continúo, dándolo todo una y otra vez.

Malcolm Gladwell, autor del libro *Outliers: The Story of Success*, dice que todas aquellas personas a las que hemos romantizado, que hemos querido ser, que admiramos y parecen inalcanzables, como si no vivieran en el mismo planeta que nosotros, en realidad son personas normales como tú y yo. ¿Qué es lo que las diferencia? Que han sido personas que han trabajado en lo que les apasiona por más de diez mil horas. Según Gladwell, para que te vuelvas experto en algo ya sea académico, manual o de actividad física, debes haberte pasado diez mil horas aprendiéndolo, perfeccionándolo o practicándolo.

Y claro que la abundancia y la ley de la atracción existen, pero no son magia. Para que las cosas sucedan en tu vida debes alinear las prácticas de la visualización con el trabajo duro, con los objetivos claros, con esas diez mil horas que te convertirán en experto y con dejar las excusas y la pereza de lado. ¿Estás listo para asumir este reto?

LA BOLA DE CRISTAL

Como te lo dije en capítulos pasados, no te recomiendo que vivas pensando constantemente en el futuro y te olvides del presente. Sin embargo, para poder llegar a desarrollar por completo tu superpoder y, eventualmente, compartirlo con el mundo, debes soñar. Imagina que tienes una bola de cristal y en ella se van a proyectar todas esas cosas que quieres lograr en la vida. ¿Quieres estudiar algo que no es muy común? ¿Quieres renunciar a ese trabajo que no te llena? ¿Quieres conocer el mundo? ¿Quieres comprar la casa que siempre quisiste y empezar una familia? ¿Quieres empezar desde cero porque no te satisface la vida que estás llevando?

Observa todos esos sueños que se materializan ante ti en esa bola de cristal, esos sueños que has tenido guardados en tu mente. Ahora ve un poco más allá e imagínate lo que debes hacer para cumplir cada uno de ellos. Entra en esa imagen que has creado y empieza a interactuar con las posibilidades. ¿Qué puertas se abren ante ti? ¿Qué puertas no se abren aún porque te falta un paso en el plan?

Después de este ejercicio, quiero que escojas el objetivo que te parece más importante para tu vida en este momento y escribas una lista de los pasos que ya tienes dados en esa dirección y de los detalles en los que aún tienes que trabajar. Vuelve al presente, respira y analiza tus posibilidades. Si alguna de las tareas de esa lista te parece enorme y titánica, no te desanimes. Piensa un poco más en ella y conviértela, a su vez, en diferentes pasos para lograr ese objetivo. Recuerda, encontrar momentos difíciles en la vida, obstáculos y dificultades no significa que no seas capaz de lo que te propones ni que seas débil. En realidad, es todo lo contrario, son oportunidades que te encuentras para crecer como persona, para aplicar lo que has aprendido y para reunirte con el fuego interior que siempre te guía.

La ley de la abundancia y de la atracción no tienen nada que ver con la suerte ni con las circunstancias correctas en el momento adecuado. Tienen que ver con entrenar tu mente para crear energía positiva a tu alrededor, para motivarte e identificar las oportunidades que se presentan ante ti. La bola de cristal, tu energía y el universo te llevan a encontrar esas oportunidades que has estado atrayendo subconscientemente. Y no, no es suerte. Es trabajo duro, es creer en ti y en tus capacidades. Ahora, te lo repito, de nada te sirve visualizar y convencerte de que estás listo para cumplir tu sueño si no te has preparado lo suficiente, si no has trabajado en tus diez mil horas. No dejes que la vida te presente una oportunidad y tengas que dejarla ir porque no estabas lo suficientemente preparado.

Atraes lo que piensas y sientes, claro que sí, pero no dejes todo en manos del destino. ¡Esfuérzate y trabaja por ello como el superhéroe en el que te convertirás!

AFIRMACIONES PARA QUE ATRAIGAS LA ABUNDANCIA

Las afirmaciones son frases muy poderosas que pueden cambiar tu actitud y la manera en la que te sientes en algunos momentos. Ya sabes que la mente es poderosa y creerá lo que le digas, así que ten cuidado y sé siempre compasivo y amable con ella.

Aquí quiero dejarte algunas de mis afirmaciones favoritas para ayudarte en el proceso de atraer la abundancia en tu vida. Puedes escribirlas en las notas de tu celular o dejar este libro en tu mesita de noche para que las tengas a la mano siempre que las necesites.

* Estoy listo para conquistar el mundo.
* Quiero encontrar mi superpoder y compartirlo con el mundo.
* Sano mis heridas y encuentro mi camino.
* Merezco ser feliz.
* Me amo tal y como soy.
* Estoy en el mejor momento de mi vida.
* Merezco encontrar al amor de mi vida.
* La vida me sonríe.
* Me enfoco en el presente y dejo atrás el pasado.
* Estoy preparado para que llegue más amor a mi vida.
* Mis nuevos hábitos me hacen más fuerte, valiente y resiliente.

El éxito no es definitivo y el fracaso no es fatal. Es la valentía para continuar la que cuenta.

WINSTON S. CHURCHILL

CAPÍTULO 9

Corazón valiente

FALLAR PARA ENCONTRAR LA VALENTÍA

En tu camino para descubrir y potenciar tu superpoder te vas a encontrar con obstáculos, con momentos que te harán dudar si estás en el lugar correcto y con personas que quizás no quieren lo mejor para ti. Ahora, en este punto en el que estás, cuando ya has dejado atrás eso que te pesaba, cuando estás empezando a sentir en la punta de tus dedos tu superpoder, debes reforzar más que nunca la valentía de tu corazón, esa emoción que te impulsa hacia adelante y que sigue manteniendo encendido el fuego de tu interior.

La primera vez que me subí a un escenario ante más de tres mil personas fue en Querétaro. Estaba en el Auditorio Josefa Ortiz de Domínguez, que es un auditorio divino, clásico y, para mí, el más auténtico de la ciudad. Yo estaba muy impresionada porque ese era el lugar en donde algunos cantantes se presentaban. Todo me parecía muy imponente. En esa ocasión, me habían invitado a dar una conferencia que no me pagaban, pues era una de las primeras. En realidad, lo del dinero no era muy importante para mí en ese momento porque me estaba posicionando y quería que mi mensaje saliera al mundo. Yo estaba emocionadísima, pero también nerviosa. Normal, ¿no?

Ese día llegué muy temprano para revisar que todo estuviera en orden. Hicimos la prueba de sonido en el escenario, con todos los micrófonos, luces y demás, vimos que la presentación que se iba a proyectar funcionaba y todo parecía ir en orden. Mi mamá estaba conmigo y me ayudó a repasar la conferencia. La practicamos juntas, me aseguré de memorizarla y, además, ya habíamos visto que todo marchaba bien en el escenario y me sentí mucho más tranquila.

Cuando doy conferencias, salgo al escenario y, antes de empezar a hablar, generalmente se reproduce un video en una pantalla gigante sobre quién soy yo, qué es lo que hago y demás. Es una gran estrategia para que el público se prepare y empiece a sentir emoción. Y ese día, como cualquier otro, ese era el plan. Me anunciaron como una joven conferencista de Monterrey que ayudaba a las personas a dejar de lado el miedo al fracaso a través de videos en YouTube, y justo en ese momento salí al escenario. El público estaba aplaudiendo y yo solo estaba esperando a que se reprodujera el video, pero la pantalla estaba en negro. El video no salía, yo no podía ver nada porque las luces me cegaban y el corazón se me quería salir del pecho.

De repente, después de lo que a mí me parecieron dos horas, el video por fin apareció ¡pero sin audio! Justo en ese momento, el público empezó a lanzar comentarios: "Ehhh, ¿qué pasó?", "¡Audio!", "No se oye". También escuchaba risitas y te juro que pensé que ya había perdido la fuerza de la primera impresión, del video, de la gran entrada. Estaba muy estresada porque finalmente nunca salió el video y ya llevaba demasiado tiempo en silencio. Fue entonces que decidí empezar y saludar. El público me aplaudió y yo lo traduje como: "Ay, pobre, están saliendo mal las cosas y ya lleva cinco minutos perdida en el escenario". Y sí, estaba perdida, pero decidí usar esa oportunidad para tomar el control de nuevo. Como si fuera una animadora de piñatas, le pedía al público: "Aplauda una vez si le ha pasado esto". Improvisé el inicio y no me dejé ganar por esa dificultad técnica.

Al final logré contarles a las personas mi historia y les impartí la conferencia para que empezaran a pensar que sus sueños eran más grandes que sus miedos. Y creo que todo fue una diosidencia muy bonita, pues en realidad esa experiencia me hizo vencer mi miedo a enfrentarme a públicos grandes. Si frente a más de tres mil personas me sobrepuse, ya podría hacerlo nuevamente ante cualquier otra situación y aprender de ella. Además, recuerdo mucho que el público de esa conferencia no fue uno fácil, pues había muchísimos estudiantes universitarios. Y creo que sabes cómo solemos ser durante nuestra época de universidad. Eran chicos y chicas jóvenes que quizás solo querían divertirse, que lanzaban comentarios y risas, pero hoy en día agradezco que esa experiencia me haya sucedido durante una de mis primeras conferencias, porque si algo me llegaba a salir mal en el futuro, solo tendría que pensar: "Tranquila, Regina, lo peor que podía pasar ya sucedió y todo salió bien al final, confía en ti".

Aunque al principio, cuando estaba pasando todo, me sentía muy angustiada, siento que fue una gran experiencia que me ayudó a formar esa parte indomable de mí, esa parte que no se iba a rendir. Además, recuerdo que en ese momento me dije: "Nadie se sabe tu conferencia, nadie sabe cómo empezaba, así que, si te equivocas, nadie se va a dar cuenta, van a pensar que quizás todo es parte del plan". Desde ese día supe que ese, definitivamente, era mi camino. De hecho, me prometí que cuando ya no me sintiera emocionada o nerviosa antes de salir a un escenario, dejaría de dedicarme a esto. Cuando hablo con cientos de personas y estoy a punto de darles herramientas de inteligencia emocional para que enfoquen sus vidas hacia la psicología positiva, tengo que estar emocionada, tengo que sentir que el corazón se me va a salir del pecho, necesito saber que la sangre está corriendo por mis venas, que esa euforia previa me va a ayudar a compartir mi superpoder. Si ya no siento eso, ¿cómo se los voy a transmitir a los demás?

EL MIEDO COMO UN MOTOR

Sé que ya te hablé del miedo antes, pero la realidad es que no es algo que podamos desterrar para siempre de nuestros pensamientos y de nuestra vida. Aunque hayas sanado tus heridas emocionales, aunque te hayas reencontrado después de que te perdiste durante algún tiempo, aunque hayas pasado por situaciones que te transformaron y te hicieron más fuerte, aunque hayas dejado las excusas y estés cada vez más cerca de convertirte en tu propio superhéroe, el miedo siempre va a estar ahí. Sin embargo, la buena noticia que tengo para ti es que, como los superhéroes cuando conocen cada vez mejor a su villano o archienemigo, cada batalla que le ganes al miedo te dejará con las herramientas necesarias para que la próxima vez que aparezca en tu vida lo dejes a un lado aún más rápido que la vez anterior.

Con cada nueva victoria que acumules, verás que más puertas se abren ante ti, que todas esas oportunidades que atrajiste gracias a tus pensamientos positivos y a la energía que dedicaste a manifestarlas están al alcance de tus manos. Solo tienes que darte cuenta de que tienes todo lo que necesitas en tu interior, que el fuego que arde en tu corazón nunca te va a dejar a la deriva y que solo necesitas decidir. Decir que sí. Arriesgarte. Salir de tu zona de confort. Luchar por lo que siempre quisiste. Dejar atrás aquello que te pesaba, los fantasmas que te acechaban, los secretos que no te dejaban avanzar y las personas que no te aportaban nada.

Es hora de que empieces a compartir tu superpoder con el mundo y compartas con los demás la valentía que tienes por dentro. El corazón de una persona es como unos patines, déjame explicártelo. Cuando yo era chica, me regalaron unos patines espectaculares, pero tenía mucho miedo de usarlos porque no quería que se dañaran. Al final lo que pasó fue que, cuando quise usarlos, ya no me quedaban porque los había dejado guardados durante mucho tiempo. Pasa lo mismo con tu corazón. Si no lo usas, si no le permites sentir, si no dejas que se arriesgue, si no se rompe y sana, si solo te lo guardas para ti, cuando aparezca la oportunidad de usarlo para ser feliz no vas a saber cómo usarlo. Para alcanzar algunos sueños debes arriesgar tu corazón. Y no siempre va a salir bien, pero va a valer la pena y vas a aprender de todo lo que vivas gracias a eso.

Cuando tu corazón palpita más fuerte porque estás intentando algo nuevo y no sabes si estás sintiendo miedo, emoción o algo más, respira hondo y disfruta de esa sensación. ¡Significa que estás en el lugar correcto! Los momentos que cambian nuestras vidas no siempre son aquellos que experimentamos en calma, solo dando un paso después de otro y teniendo el control de todo. Los momentos que cambian cómo pensamos, cómo actuamos y que nos llenan de valentía para salir adelante y perseguir eso que nos va a permitir convertirnos en quien siempre estuvimos destinados a ser son los más turbulentos, los que más miedo nos dieron, los que hicieron que nuestro síndrome del impostor apareciera de nuevo, los que quizás nos hicieron dudar de todo lo que creíamos. Son esos momentos de choque, de quiebre, de arriesgarnos y demostrar lo valientes que somos los que definen nuestra personalidad y los que nos muestran de frente cuál será ese superpoder que vamos a compartir de ahora en adelante. Son los momentos que te hacen sentir vivo.

Si tienes miedo, ¡hazlo con miedo! Duda un poco, tómate tu tiempo, pero ¡lánzate! Usa el miedo como un motor que te impulsa, no como un peso que te dejará siempre en el mismo sitio.

LOS SENTIMIENTOS NO ESTÁN ESCRITOS EN PIEDRA

Amor. Esperanza. Incertidumbre. Felicidad. Realización. Valentía. Éxtasis. Seguridad. Tristeza. Emoción. Miedo. Todos estos son sentimientos que pueden influir en cómo tomas decisiones y en cómo decides vivir tu vida y compartir con los demás. Sin embargo, muchas veces estoy segura de que les das más importancia a los sentimientos negativos que a los positivos. Es mucho más fácil quedarte pensando una y otra vez en esa ocasión en la que te dijeron que tu trabajo no fue suficiente, que no en la que te felicitaron por tu buen desempeño. Es más fácil quedarnos en la cama sufriendo por una ruptura que levantarnos y darnos nuevas oportunidades en el mundo.

La mente es muy poderosa y cuando le permites que se enfoque en todo lo negativo que te pasa, entonces las cosas no van a ir tan bien como podrían. Para lograr enfocarte en lo positivo de tu vida, lo primero que debes hacer es reconocer tu privilegio, dar gracias por tener un techo sobre tu cabeza, comida en la mesa y energía para poder cumplir tus sueños. Necesito que entiendas que los sentimientos, tanto positivos como negativos, no están escritos con sangre ni en piedra. ¡Para nada! Los sentimientos no son hechos que se quedan inamovibles con el paso del tiempo. Los sentimientos aparecen, evolucionan, pasan, cambian, se desvanecen.

El miedo, las dudas o la tristeza que sientes en este momento no van a durar para siempre. Solo tienes que creerlo y convencerte de que tú eres el arquitecto de tu propia vida, que tú tienes el poder para evolucionar, sanar, aprender de los errores y ser lo suficientemente valiente como para no volver a los lugares o a las personas que no son buenos para ti. De la misma manera, si estás a punto de vivir un cambio muy emocionante en tu vida, algo que te traerá más felicidad, más abundancia y más amor, por favor, aprovecha todos esos sentimientos positivos que estás experimentando y lánzate a dar tu mejor esfuerzo con esa oportunidad. Cuando piensas positivamente, las cosas buenas llegan a tu vida. No es suerte, no es magia, es una combinación de trabajo duro, reconocer las oportunidades y tomarlas, y también de mucha preparación y valentía.

Empieza trabajando en ti mismo, en tu autoestima y en cómo te quieres. Una persona que no se ama a sí misma termina sangrando sobre otras personas, se enamora de la gente incorrecta, de gente tóxica. Y es así como terminas pensando que no tienes suerte en el amor, que estás condenado a estar en relaciones sin sentido. Cualquier meta que te propongas, ya sea personal, romántica o laboral, no se va a cumplir si no empiezas trabajando en ti mismo. ¡Lo bueno es que has ido aprendiendo cómo hacerlo! El proceso para sanarte, reencontrarte y descubrir cuál es tu superpoder nunca va a ser uno lineal ni fácil. Es posible que de vez en cuando tengas que volver a luchar con una herida emocional, con excusas que te das para no enfrentarte a una situación. Lo importante es que ya tienes las herramientas y la motivación necesarias para enfrentarte a tu peor enemigo, que casi siempre eres tú mismo.

¡Sé valiente, derrota a ese villano y demuéstrale que estás listo para encender la antorcha que llevará tu superpoder a todo el mundo!

Tener un superpoder no se relaciona con la habilidad de volar, saltar o tener fuerza sobrehumana. Los verdaderos superpoderes son los que todos poseemos: fuerza de voluntad, integridad y, lo más importante, valentía.

JASON REYNOLDS

CAPÍTULO 10

Enciende tu antorcha. ¿Cuál es tu superpoder?

EL FUEGO DE LA FE

Estoy muy orgullosa de ti porque ha llegado el momento en el que vas a descubrir tu superpoder. Seguro que en algún punto del camino pensaste que no lo lograrías, pero yo siempre creí en ti y en tu fuego interior. ¿Alguna vez has visto la ceremonia de la antorcha olímpica? Cada cuatro años, cuando están a punto de disputarse los Juegos Olímpicos, la llama de la antorcha de los anteriores juegos enciende una nueva antorcha que viajará, siempre encendida, alrededor del mundo, pasando de mano en mano, hasta que por fin llega a ese gran estadio olímpico en el que se encenderá ese enorme pebetero que representa la pasión, el talento y las habilidades de los deportistas.

Ese fuego que has ido cultivando y cuidando dentro de ti mismo, esa calidez que te ha ido guiando a través de tus momentos más duros, es la que muy pronto te ayudará a descubrir tu superpoder y a compartirlo con el mundo. Si lo piensas bien, esa llama que está dentro de ti representa tu fe. Y no me refiero necesariamente a una fe religiosa. Aunque, claro, si eso es lo que te mueve y te impulsa, está perfecto y debes seguir alimentándola. Pero la fe que representa tu fuego interior también puede ser una creencia completamente personal, puede ser la fe que tienes en ti mismo.

Es esa fe la que te ha ayudado a seguir adelante a pesar de las heridas emocionales que marcaron tu infancia y definieron tu adultez hasta que las identificaste y sanaste. Es esa fe la que te mantuvo fuerte y valiente cuando más perdido estuviste en la vida, cuando no sabías qué camino tomar y cuando por fin viste esa luz que te sacó del limbo y te llevó a un nuevo sendero de transformación. Fue esa fe la que te mantuvo de una pieza cuando experimentaste ese evento, esa ruptura o ese punto de quiebre que pensaste que te iba a destrozar. Fue esa fe la que brilló tan fuerte que finalmente fuiste capaz de desterrar las excusas que no te dejaban empezar a trabajar para alcanzar tus sueños. Fue esa fe la que hizo que te miraras al espejo y fueras capaz de identificar esos rasgos que debías potenciar para convertirte en tu propio superhéroe, y también tus debilidades, de manera que pudieras trabajar en ellas. Fue esa fe la que despertó la valentía en tu corazón y que ahora, solo con un poco más de introspección, hará que descubras lo que te hace único, ese superpoder que cambiará tu vida y la de los demás.

Algo muy importante para que nunca se apague tu llama y puedas desarrollar tu máximo potencial es identificar qué es lo que te llena de esperanza para seguir adelante. Ahora, puede que eso que te impulsa sea diferente a los sueños que manifestaste cuando te hablé sobre la ley de la atracción y de la abundancia. Lo que te da esperanza puede ser un sentimiento, una corazonada, ese algo que no sabes cómo definir pero que sabes que siempre está en tu mente, diciéndote que no te rindas, que eres capaz de hacer lo que te propongas, que tu misión en la Tierra es dejarla un poquito mejor de como la encontraste, que tu vocación no es sencillamente vivir para trabajar, sino todo lo contrario, trabajar para poder vivir, para salir al mundo, conocerlo y compartir todo lo que tienes por dar.

Para encontrar tu superpoder debes tener claro tu propósito y tu porqué. No llegamos a la Tierra solo para ser un número más. La vida nos hizo únicos y diferentes porque cada uno de nosotros tiene una misión, por más grande o pequeña que sea, y debemos hacer nuestro mayor esfuerzo por cumplirla. Y si para encontrar tu superpoder tienes que perderte y probar algunas cosas que quizás no terminen siendo tu superpoder, ¡adelante! Recuerda que perderte no es algo malo ni un signo de debilidad, sino algo que te da la oportunidad de explorar nuevos horizontes, de andar por nuevos caminos e, incluso, de conocer personas impensadas que quizás se conviertan en ese maestro que necesitabas para reencauzar tu vida y tus propósitos.

LOS TIPOS DE SUPERPODERES

¿Recuerdas lo que te conté sobre los superhéroes en el capítulo en el que hablamos sobre sus características, sus motivaciones y, lo más importante de todo, sus tropiezos y cómo los superaron? Bien, quiero que te tomes un tiempo para pensar en todas aquellas características que hacen que admires a una persona, ya sea alguien cercano a ti o alguien a quien nunca has visto en tu vida. ¿La admiras por sus habilidades en un campo específico, porque la bondad que irradia te hace feliz, porque es fuerte y defiende su posición cuando la cuestionan? ¿La admiras por su capacidad para balancear el tiempo entre su trabajo y su familia, porque es capaz de pensar primero en sí misma antes que en los demás, por su vocación de servicio?

Piénsalo. Reflexiona. Respira. Cuando tengas en tu mente, o en una lista si te sirve ser más visual, todas esas características y actitudes que admiras en otros, empieza a pensar en aquello que te enorgullece de ti mismo. Piensa en todo, incluso en el detalle que te parezca más insignificante. Esa característica puede ser pequeñísima para ti, pero puede cambiarle la vida a alguien más. No te subestimes. Una vez que hayas identificado todas esas fortalezas, todas esas cosas que admiras de ti y que te hacen único, agradécele a la vida por ellas y date cuenta de que siempre has tenido dentro de ti todo el potencial para convertirte en un superhéroe, para salvarte a ti y a los demás.

Todo el proceso que has vivido hasta este momento te ha dado las herramientas de inteligencia emocional para sanarte a ti mismo y para llegar al punto en el que estás ahora, listo para descubrir y potenciar finalmente tu superpoder. A veces, en la vida, debemos ser un poco egoístas y concentrarnos únicamente en nosotros mismos, en sanar, volver a encontrar nuestro camino, fortalecernos. Si no hiciéramos las cosas de esa manera, nunca seríamos capaces de ser nuestra mejor versión y empezar a ayudar a los demás después de salvarnos a nosotros mismos.

Ya que has llegado hasta aquí, quiero que pienses en cuál de todas esas características que te enorgullecen y en las que te destacas vas a escoger como tu superpoder. Esta es una decisión muy importante. Y aunque, por supuesto, puedes equivocarte y enmendar el camino, necesito que te lo tomes muy en serio. Si lo piensas, los superhéroes que admiramos en los cómics y películas tienen diferentes habilidades y ninguno es omnipotente. Ellos tienen todos los superpoderes que te puedas imaginar. Cada uno de ellos tiene habilidades únicas y poderes que entrenan y desarrollan para ser los mejores en lo que hacen y poder ayudar a las personas que lo necesiten.

Quizás tu superpoder se centre en el carisma que tienes para manejar ciertas situaciones, para interactuar con las personas o para guiarlas cuando estén perdidas. O tal vez una de tus fortalezas es la de crear alianzas, la de ser un mediador en los momentos donde las tensiones están muy elevadas, la de lograr que dos partes se pongan de acuerdo para lograr un bienestar mutuo. Otra posibilidad es que una de tus mayores fortalezas sea la de compartir tu creatividad, ¡imagina todo lo que puedes hacer en ese campo! O quizás eres una persona que, sin importar la situación o el contexto en que te encuentres, eres capaz de solucionarlo todo, desde malentendidos, discusiones y disputas hasta situaciones mucho más técnicas, gerenciales y de manejo de proyectos. También es posible que tu superpoder se centre en sanar heridas, tanto físicas como psicológicas. Y si esas heridas son muy profundas y no están listas para sanar, tal vez seas quien puedas acompañar a esas personas mientras sienten, procesan y sanan ese dolor. Quizás eres quien está destinado a recordarles que el dolor es inevitable, pero que el sufrimiento es opcional.

Los superpoderes son infinitos y no creo que dos personas tengan exactamente el mismo, así que no tengas miedo de lanzarte a algo que quizás no es convencional o que te sorprende a ti mismo. Lo importante es que respires hondo y escuches a tu fuego interior, a ese instinto que te dirá si realmente estás en el camino correcto. Y aún si tienes dudas, sigue adelante, todo lo puedes corregir y mejorar sobre la marcha. Solo te pido que nunca te quedes estancado, que no permitas que las excusas vuelvan a manejar tu vida. Estás casi listo para compartir tu superpoder y hacer que el mundo sea mejor.

SIN MIEDO A SER ÚNICO

No tengas miedo de mostrarle al mundo tus colores, tus fortalezas, tus defectos y tu personalidad. Sé quien eres porque, si estás trabajando en convertirte en tu mejor versión, te aseguro que el mundo te necesita. Yo te necesito para que seas parte de este equipo de superhéroes que nos estamos comprometiendo para ayudar a quienes están a nuestro alrededor. Sé que estuviste perdido y tuviste miedo, pero también sé que te estás reencontrando y no dejarás que nadie te quite lo que has ganado.

Cuando renuncié a la compañía en la que trabajaba y empecé en este mundo de YouTube, de las redes sociales y del *coaching*, nadie me tomaba en serio porque precisamente venía de un mundo corporativo y solo estaba subiendo "videítos". Este fue un gran cambio en mi vida y, aunque estaba empezando a seguir mi sueño y a desarrollar mi superpoder, la gente no veía mi camino y mi trabajo como algo respetable. Además, algo que siempre me ha caracterizado es que me he vestido diferente. Me gustan los vestidos y sé que se me ven bien, pero mi estilo también incluye sombreros, gorras, sacos *locochones* y piezas que me hagan sentir auténtica y que nunca tienen solo un color liso.

Por mi apariencia física, por cómo me vestía, muchas personas me dijeron que no me iban a tomar en serio en el mundo del *coaching*, de la psicología positiva y de la inteligencia emocional porque no me veía "seria". Esta situación de que las personas me juzgaran por mi apariencia y no por mis co-nocimientos y habilidades me parecía absurda. Y aunque debo admitir que algunos de esos comentarios se quedaron rondando más tiempo del normal en mi cabeza, decidí que eso que ellos veían diferente en mí, yo lo usaría como mi mar-ca personal, como ese color que me haría resaltar entre una marea de personas grises y monocromáticas.

Desde entonces, asumí que el sombrero que siempre me pongo sería mi toque personal. Es el sombrero con el que más me identifico y que más significado tiene para mí. Tiene un estilo *steampunk* que a la vez es clásico y futurista. Cuando lo uso, siento que estoy dirigiendo mi propio barco y que, a pesar de la turbulencia, de las olas, de las mareas y las tor-mentas, soy la capitana y sé hacia dónde voy. Ya no necesi-to meterme en un personaje como cuando lo hacía de niña en la compañía de teatro musical para sentirme fuerte y va-liente, sino que ahora, sencillamente, sé hacia dónde voy, cuál es mi objetivo y qué es lo que me da esperanza para seguir luchando.

Otro accesorio que representa mi superpoder y me aleja del miedo de no encajar son mis aretes en forma de cruz. Son como una brújula que me guía en medio del océano cuando más lo necesito. Mis aretes y mi sombrero me ayudan a sen-tirme superpoderosa, y los uso cuando tengo que pensar y escribir como ahora o cuando doy mis conferencias.

Todos podemos ir encontrando aquello que nos hace sentir más cómodos cuando estamos desarrollando nues-tro superpoder. Sin embargo, hay tantísima gente en todo el mundo, trabajando en todos los ámbitos, que te animo a que muestres tu parte más auténtica. No seas uno más de los miles que vive su vida en medio de una rutina sin luz, sin fuego y sin propósito. Atrévete a brillar y a destacar. No vas

a descubrir el hilo negro ni que el agua moja, pero tus actitudes y tu personalidad pueden diferenciarte de la multitud.
Ese es el camino de un superhéroe. Tu vida es un lienzo y tú
decides qué mostrarle al mundo de ti mismo, cómo compartir tus habilidades. Atrévete, es tu oportunidad para encender tu antorcha, para mostrar tu superpoder y para que las
personas recuerden cómo las ayudaste y cómo dejaste una
huella indeleble e indomable en sus vidas.

El amor solo crece si lo compartes. Solo puedes tener **más para ti** mismo si **compartes** lo que tienes con otros.

BRIAN TRACY

CAPÍTULO 11

Cómo compartir tu superpoder con el mundo

MENTORES EN EL CAMINO

Los superhéroes nunca han trabajado completamente solos y, de hecho, siempre ha existido alguien que los guía de una u otra manera en su camino. Los mutantes tienen al Profesor X, Superman tiene las cápsulas de conocimiento de su fortaleza, etc. Así que cuando hayas identificado tu superpoder, quiero que busques a un mentor que esté en la misma línea de tus habilidades y objetivos, un mentor que ya haya aprendido a potenciar y compartir su superpoder y que te pueda dar consejos para que te conviertas en tu mejor versión.

Yo también pasé por ese proceso y te voy a contar mi historia. Era el verano del 2019 y ya llevaba un año y medio haciendo videos de motivación para mis redes sociales. Todo el crecimiento que tuve allí y el público que creía en mí y en mis palabras me dio la oportunidad de empezar a dar conferencias sobre dejar atrás el miedo, incluir la psicología positiva en tu vida y encontrar el amor. Sin embargo, en esa época yo no me identificaba con ningún otro creador de contenido porque creía que no teníamos los mismos objetivos; realmente no hablaba con nadie más de esta industria.

Lo que pasó de repente fue que me invitaron, ese mismo año, a dar una conferencia en Fresno, California, y allí compartí escenario con María Marín, que es la motivadora más importante del ámbito hispano. Yo no la conocía personalmente, pero había escuchado de ella y sabía que era muy renombrada, sobre todo, para la comunidad hispanohablante de Estados Unidos. Ese viaje me cambió la vida. Fue impresionante conocer a una persona de mi ámbito que tenía más de veinte años de experiencia motivando y ayudando a las personas. En un momento, cuando María y yo estábamos hablando, me dijo que yo tenía algo especial, que creía que mi superpoder era poder conectar con muchas personas.

María me dijo que yo le recordaba a ella misma cuando tenía mi edad, cuando quería comerse el mundo y no tenía quien la guiara en el camino; ese fue el momento en el que se convirtió en mi mentora. Te digo, ella no me conocía, solo habíamos compartido esa conferencia y hablado un poco, pero María me invitó a su casa en Miami para que me quedara con ella unos cuatro días y trabajáramos juntas e hiciéramos algunos Facebook Live. Mientras estaba allí, también me presentó ante las televisoras porque quería darme a conocer. Todo el tiempo me repetía que yo tenía algo muy especial y que a ella le hubiera gustado, cuando tenía mi edad, que alguien hubiera hecho lo mismo por ella.

Por supuesto, la decisión de ir a la casa de María me tomó un poco de tiempo porque aparecieron dudas y miedos momentáneos. Lo bueno es que todo lo hablé con Rubén, mi esposo, y él me hizo ver que era una gran oportunidad que no podía dejar pasar. Aceptar esa invitación fue una de las mejores decisiones de mi vida porque me abrió las puertas y permitió que el mundo hispanohablante de Estados Unidos me conociera. Como te digo, María me presentó a muchísimas personas, entre ellas, Blanca Tellería, su publirrelacionista, y Emilio Estefan, que también había trabajado con ella, entre otros artistas y celebridades. Además, fuimos a televisoras como Telemundo y Univision, en donde me entrevistaron y hablamos sobre la psicología positiva.

A partir de ese momento, mi carrera como conferencista cambió porque los medios masivos de comunicación empezaron a creer en mí como profesional. Y la verdad es que esa fue una gran ayuda porque, en este mundo, es muy difícil entrar y posicionarte si alguien con renombre no te recomienda. La noche anterior a que se grabara el programa, María me dio una sesión de *coaching*. Hablamos sobre cómo iba a abarcar el tema y me dio recomendaciones sobre cómo enfatizar más en ciertos puntos, cómo darles herramientas a las personas, cómo dirigirme al público y demás. Fue un gran entrenamiento previo.

A partir de ese momento, empecé a ver a María no solo como una mentora, sino también como una mamá, como una figura materna que me protegía. Nos volvimos amigas para toda la vida e, incluso, una de las personas que trabajaba con María en sus redes sociales, Yazz Contla, se convirtió también en una gran amiga y una confidente para todos mis proyectos. De hecho, gracias a ella es que hoy estoy escribiendo este, mi segundo libro, y tú lo estás leyendo. Ellas me abrieron las puertas para que mucha más gente me conociera, y Blanquita, que también trabajaba con María, me presentó a las personas de Penguin Random House, con quienes firmé mi primer libro.

Hoy estoy segura de que, si no hubiera ido a ese viaje a Fresno, a esa conferencia, nunca habría conocido a María,

a Blanquita y a Yazz, y quizás me habría tardado más en llegar al punto en el que estoy ahora. ¡Quizás ni siquiera estaría
escribiendo este libro! ¿Qué te quiero decir con esta historia?
Toma siempre todas las oportunidades que te dé la vida y el
mundo porque nunca sabes qué puede pasar. Una pequeña
acción o decisión te pueden abrir definitivamente la puerta
que estabas esperando. Cuando encuentres esa puerta y esa
persona que te está dando la mano, no las dejes ir. Apóya-
te en el conocimiento de las personas que han pavimentado
el camino por el que estás andando y valora su experiencia,
porque pocas veces te encuentras a alguien que, de manera
desinteresada, te quiera ayudar con tus proyectos. Parte de
ser un superhéroe es saber cuándo aceptar ayuda, ¡todo sale
mejor cuando trabajas en equipo!

PRUEBA TU SUPERPODER

Cuando hayas identificado tu superpoder y lo hayas refinado
gracias a la ayuda de tus mentores, ¿qué crees? ¡Es hora de
ponerlo a prueba y empezar a compartirlo con el mundo! Este
puede ser un paso difícil que puede despertar algunos de
tus viejos miedos de nuevo, pero en este punto ya tienes todas las herramientas para desterrarlos de nuevo y no permitirles que se queden en tu mente como voces que alimentan
tus dudas. Has trabajado mucho en ti mismo y ahora eres
una persona indomable, alguien que sabe qué lo motiva y hacia donde quiere ir.

Te voy a proponer un reto y, como aprendiste en capítulos anteriores, quiero que te pongas una fecha límite para
lograrlo. Recuerda que tener una fecha en nuestras mentes
nos ayuda a ser más efectivos, asertivos y a dejar de lado las

excusas que puedan aparecer. Quiero que pruebes tu super-poder con tres personas de tu entorno. Acércate a ellas, co-nócelas un poco más, escúchalas y, sobre todo, entiende sus necesidades. Tras eso, piensa en cómo usar esa habilidad que te diferencia del resto para ayudarlas y permitirles entrar también en este camino de sanación y autodescubrimiento del que tanto has aprendido. Usa tu creatividad, tu carisma, tu habilidad para resolver conflictos, tu don de sanación o de acompañamiento y mira cómo transformas sus vidas en un período de tiempo.

Vive esa experiencia y luego siéntate a reflexionar cuál fue el antes y el después en las vidas de esas personas. Compar-tir tu superpoder y hacer el bien está al alcance de tus manos y no es necesario hacer grandes acciones como unirse a una ONG, hacer voluntariado en África o donar cantidades in-gentes de dinero a causas que lo necesiten. El mundo mejora con cada pequeña acción que tomes para ayudar a alguien, con cada gesto amable, con cada sonrisa que compartas. Cada granito de arena hace la diferencia, así que nunca pienses que no eres suficiente. Tú estás usando tu superpo-der a la escala que es correcta para ti y para las personas a tu alrededor, y estoy segura de que tanto ellas como tú están agradecidas por esos cambios que estás propiciando.

Voy a contarte sobre tres ocasiones en las que, a través de mi superpoder, les cambié la vida a ciertas personas. A veces sucede cuando menos lo esperas. Ya te he dicho que empecé a hacer videos en YouTube tras renunciar a mi trabajo corpo-rativo, pero lo que no te he dicho es que la otra razón que tuve para empezar a grabar videos sobre motivación y psicología positiva fue para salvarme a mí misma de la depresión. Como no tenía un trabajo convencional, me sentía juzgada cons-tantemente por algunas de las personas que me rodeaban.

Me sentía sola porque Rubén salía a trabajar o a veces no estaba, yo tenía deudas y problemas, pero decidí reevaluar mi vida. Ya había subido 89 videos a mi canal de YouTube y todo iba bien y mejorando, pero fue el video número 90 el que cambió mi vida.

Se llama *Cuando sientas miedo en tu vida acuérdate de este video,* y te lo recomiendo muchísimo. En él hablo sobre cómo el miedo está en nuestra imaginación y cómo solo nosotros le damos permiso de existir o no. De repente, el video empezó a recomendarse mucho en YouTube y a volverse viral, y yo me alegré de que mis palabras estuvieran allí afuera, pues eran palabras que construían y no destruían. Ese era mi superpoder. Un día me llegó un mensaje de una persona que me contó que le había salido el video en recomendados justo cuando estaba a punto de acabar con su propia vida. Sintió mi video como una señal, lo vio, reevaluó su situación y decidió quedarse. Desde entonces, según me contó, mis videos le ayudan muchísimo a mantenerse motivado y seguir creciendo.

Con ese mensaje me quedó clarísimo que mi misión sería ser siempre genuina en mis redes y mostrarme imperfectamente perfecta, tal como soy. Mostrarme como soy en realidad funciona muy bien y les deja ver a las personas que soy una humana como ellos, que también tengo problemas y momentos malos, pero que al final del día siempre existe algo por lo que seguir aquí. Quiero que entiendas que cuando compartes amor recibes amor, pero es igual de importante saber en dónde encontrarlo, cómo aprender a quererte a ti y a las otras personas, cómo dejarlo ir cuando es el momento. Mi superpoder es guiarte en este camino con mis palabras.

El segundo testimonio me llegó como un mensaje directo de Twitter y si bien omitiré detalles para proteger la privacidad de esta persona, decía algo como esto:

Hola, Regina, te escribo con el fin de agradecerte porque quizás a veces no sabes cuántas vidas puedes cambiar con un simple mensaje, pero lo has conseguido. Padezco de una enfermedad y cuando me gradué del colegio me dijeron que no podría volver a estudiar nunca más. Pasaron tres años hasta que pude levantarme y luchar contra todo lo que me lo impedía. Al final decidí estudiar, aunque me costara mucho trabajo. Además, quería que mi voz fuera escuchada en todo el mundo. Y aunque aún no lo consigo con mi voz, sí lo conseguí a través de las palabras que escribo en esta cuenta.

Pasó el tiempo y mi madre tuvo cáncer, mi enfermedad se volvió peor con la noticia, mi expareja me dejó, me ingresaron en el hospital, tuve que dejar de estudiar de nuevo y suspendieron mi cuenta. Sentí que nada tenía sentido, que todo se iba al abismo y pasaron los días. Justo antes de decidir dejar este mundo, me llegó una notificación de YouTube y, dentro de los videos sugeridos, encontré *Cuando sientas miedo en tu vida acuérdate de este video*. Fue ahí cuando mis ojos se abrieron nuevamente, me detuve y me levanté. No me importó lo demás, volví a la universidad, estudié, saqué una licencia y recuperé mi cuenta.

Ya ha pasado casi un año de eso y estoy en cuarto año de Medicina. También doy charlas motivacionales y de emprendimiento en colegios y universidades y, además, estoy terminando un capítulo de mi libro que me gustaría dedicarte. Aunque no lo creas, ha pasado casi un año y todas las mañanas veo ese video tuyo que me salvó. Sentí que tenía que decírtelo de alguna u otra manera a pesar de que no nos conocemos, pero espero que no te rindas nunca. Recuerda que, aunque la vida te golpee fuerte y te quite todos los dientes, aún puedes sonreír. Sonreír sin dientes sigue siendo sonreír. ¡Un fuerte abrazo, Regina: esto recién empieza!

Estos son los tipos de mensajes que me dejan sin aire, pero que, al mismo tiempo, me dan todo el aliento que necesito para saber que elegí bien mi superpoder y que estoy haciendo todo lo que puedo para compartirlo con el mundo. A pesar de las dudas que puedas tener al inicio, confía en ti y en tus habilidades. Nunca sabes cómo puedes estar cambiando las vidas de otras personas.

El último mensaje que escogí para este capítulo fue este:

Soy abogada en Suramérica, pero vivo en Estados Unidos. Tengo 30 años y estoy haciendo la convalidación para que me den la licencia aquí ¡y ya solo me faltan dos años más! Solo quiero que sepas que me ayudaste y me sigues ayudando a sentirme capaz de lograrlo. Aunque me cueste mucho esfuerzo y tiempo, ¡ahí estoy! Siempre persevero. Y no te miento cuando te digo que hay días en los que me quiebro, pero vuelvo a levantarme y a empezar con más fuerza. Es por la vida que uno quiere realmente por lo que hay que seguir. Si fuera fácil, todos lo harían, ¿no? Recibe un montón de vibras lindas y buenas para ti. ¡Eres grande, Regina! ¡Gracias!

Si después de usar tu superpoder tan solo una persona te lo agradece y te sonríe, puedes dar por cumplida tu misión. Estás ayudando a que el mundo siga mejorando, a que las personas se den cuenta de que perderse no está mal, que lo importante es reencontrarse, reconstruirse y siempre salir adelante. Eres especial y tienes la capacidad para demostrarlo, nunca lo olvides. Y aunque el camino no sea fácil, persevera para alcanzar ese sueño y esa satisfacción que siempre quisiste sentir. Después de todo, como leíste en este último: "Si fuera fácil, todos lo harían, ¿no?". ¡Atrévete a volar!

TU *IKIGAI*

Hoy en día estoy segura de que has escuchado y visto muchísimos libros sobre el *ikigai*, otro concepto oriental que hemos estado adoptando en las sociedades occidentales desde hace un tiempo. Definitivamente tenemos mucho que aprender de nuestros amigos del Lejano Oriente en cuanto a vivir vidas mejores y más plenas. El *ikigai,* a pesar de que no tiene una traducción literal, se refiere a aquello que le da sentido, significado o propósito a tu vida. Podríamos decir que es el fuego interior que has estado cultivando a lo largo de este proceso.

A mí me gusta bajar estos conceptos a un plano más terrenal y menos teórico, pues creo que es importante que tengas las herramientas necesarias para tomar acción, salir adelante, valorarte, comenzar ese negocio con el que siempre soñaste o incluso dejar esa relación que ya no te hace bien. Cuando aplicas el *ikigai* en tu vida, junto con todas las herramientas que te he dado a lo largo de este libro, aprendes que tu bienestar físico depende mucho de tu salud mental y emocional. Piénsalo, si tú mismo no estás bien, ¿cómo vas a usar tu superpoder para ayudar a los demás? Un superhéroe herido no puede salvarse ni a sí mismo ni a nadie, así que es importante que, aunque parezca egoísta en el momento, te priorices si así lo crees necesario.

El *ikigai* también te impulsa a fluir y a dedicarte a aquello que más te gusta, a eso que disfrutas hacer. Además, si has seguido los pasos para descubrir tu superpoder, pronto te vas a dar cuenta de que precisamente hacer lo que te gusta puede convertirse en tu superpoder y en tu manera de reunir esas diez mil horas de práctica que te volverán un experto en tu campo y que, poco a poco, te ayudarán a cumplir tus metas, sueños y objetivos. Ya lo hemos escuchado muchas veces, pero es cierto que quien trabaja en lo que le gusta no trabaja ni un solo día de su vida.

Una de las cosas que más me gustan del *ikigai* es que se alinea perfectamente con nuestra búsqueda del superpoder y con la misión de compartirlo con el mundo. Los japoneses creen firmemente que el propósito de tu vida no solo tiene que ver con una realización personal, sino con la cooperación para el mejoramiento de la sociedad y de las vidas de quienes te rodean. Al igual que con tu superpoder, la búsqueda del *ikigai* requiere de tiempo, de una introspección profunda y de un esfuerzo para encontrar aquello que amas, aquello en lo que eres bueno y el mundo necesita y lo que te va a dar satisfacción. Cuando encuentres algo que quepa en todas esas categorías, sabrás cuál es tu superpoder, tu llamado para el mundo, y podrás salir para compartirlo e, incluso, convertirte en el mentor de quien lo necesite.

Cuando llegues al punto en el que tu pasión, tu misión, tu profesión y tu vocación se alineen en tu superpoder, estarás listo para dar uno de los últimos pasos en este camino de sanación que empezaste con el reconocimiento de tus heridas emocionales. Tener un superpoder, como le dijeron a Spider-man, conlleva una gran responsabilidad, pero confío en que estás listo para dar lo mejor de ti y salir al mundo para hacerlo un lugar mejor.

Cuando le dices que sí a tu sueño y haces lo que realmente amas, también estás transformando el mundo en un lugar mejor.

CHERYL HAMADA

CAPÍTULO 12

¡A volar, el mundo te necesita! Tu misión de vida

UNA CADENA DE FAVORES PARA CAMBIAR EL MUNDO

Ahora que eres consciente de todo el proceso por el que pasaste, de todo lo que te costó identificar tu superpoder y de haberlo probado con unas primeras tres personas, es hora de abrir tus alas y volar; así que quiero que te comprometas a nunca rendirte y seguir viviendo bajo la filosofía de *pay it forward*. Es una pena que este término no tenga una traducción literal, pero básicamente representa el momento en el que alguien hace algo bueno por ti y tú, en lugar de pagarle de vuelta el favor directamente a esa persona, decides hacer algo bueno por alguien más. Piensa en esto como una cadena de favores: tú le compras un café a la persona que está justo detrás de ti en la línea de la cafetería y luego esa persona le compra otro a quien está detrás de ella.

Y sí, sé que te estás preguntando: "¿Por qué hacer algo bueno por alguien más y no por la persona que fue amable conmigo?". ¡Por supuesto que también puedes devolverle el favor directamente a esa persona! Sin embargo, si te limitas solo a tener una atención amable con la misma persona, la interacción acaba allí. Ella hizo algo bueno por ti y tú por ella. Fin de la historia. Ahora, si nos dedicamos a hacer más conocida la filosofía del *pay it forward*, la cadena puede ser infinita. La interacción y la amabilidad no quedan limitadas a dos personas, sino que puede crecer exponencialmente y llegar a un mayor número de individuos.

Lo interesante de esta filosofía es que es capaz de hacer que los actos de bondad crezcan muchísimo en una comunidad, haciendo que las personas interioricen que un buen acto se merece otro. Usar tu superpoder para ayudar a otras personas, incluso cuando menos se lo esperan, puede hacer del mundo un lugar mejor. Y, recuerda, los actos positivos no tienen que ser gestos enormes y caros. Solo necesitas usar ese superpoder que has desarrollado, ya sea escuchar a alguien cuando lo necesite, darle una palabra de aliento, sonreír, proponer una idea creativa, etc. Las posibilidades son infinitas.

Y la realidad es que puedes estar viviendo una vida de servicio, una vida familiar o ser parte de un ambiente corporativo, pero las buenas acciones te llevarán lejos en cualquier escenario. Por ejemplo, si trabajas en una empresa y, sin que te lo pidan, ayudas a un gerente o a alguien con un proyecto, seguramente cuando se abra una vacante de ascenso pensarán en ti. O si eres una persona *freelance* y aplicas la filosofía del *pay it forward* con tus proveedores, contactos y clientes, es probable que piensen en ti de una manera más positiva y te den más oportunidades y trabajo gracias a eso.

Ahora, es muy importante que, como los verdaderos superhéroes, decidas usar tus habilidades de una manera desinteresada. Si piensas en el concepto del *pay it forward* solo como una forma de que las personas eventualmente hagan cosas buenas por ti, estás alejándote del verdadero propósito. Sé una buena persona y utiliza tu superpoder porque es tu vocación y te hace sentir bien, y porque sabes que estás mejorando, aunque sea un poco, la vida de alguien más, pero nunca lo hagas esperando una retribución inmediata. Créeme, el universo sabe cómo te estás comportando y, cuando sea el momento adecuado, te presentará las oportunidades que siempre quisiste tener ante ti. Y todo sucederá porque tu energía atrajo esas bondades.

Aprovecha que estás en tu mejor momento para convertirte en el mentor de quienes lo necesiten, para ayudarlos a encaminar sus vidas, sus superpoderes y su potencial. Quizás esa pueda ser tu manera de devolver el favor por lo que has aprendido en este libro. En cuanto a mí, tengo un proyecto entre manos para agradecerles a las personas que me ayudaron a llegar hasta aquí y para seguir ayudando a quienes necesiten más herramientas. Es un *journal* que se llama *El reto de cómo enamorarte de ti en 100 días*. Allí vas a poder encontrar muchísimas actividades, ilustraciones y ejercicios que te guiarán para que te convenzas de que eres el amor de tu vida.

Además, algo que hice precisamente para entrar en la cadena de *pay it forward* fue convertirme en *coach*. De esa manera ya no estoy ayudando solo a una o dos personas, sino a miles y millones, a través de mis palabras y mi conocimiento, a encontrarse a sí mismas, a sanar, a despertar su superpoder y a crear una marca personal fuerte para que puedan vivir de sus pasiones. ¡Y tú también puedes hacerlo! Yo creo en ti.

EL RETO DE CREER EN TU MISIÓN DE VIDA

Es importante que sepas diferenciar que llegar al objetivo que te propusiste y a la cima que quisiste conquistar es algo muy diferente a mantenerte allí. Cuando estás trabajando en tu misión de vida, en compartir tu superpoder con los demás, también tienes que esforzarte por ser el mejor en lo que hagas. En un mundo en donde vivimos más de siete mil millones de personas, seguramente hay gente que está haciendo lo mismo que tú, que se está preparando para lo mismo. Y no, el punto no es que te compares con ellas porque, de nuevo, las situaciones de todos son diferentes. Pero tu reto es seguir siendo relevante en el campo que escojas, auténtico y proponer cosas que nunca se hayan hecho. Tu imaginación y tu ingenio no tienen límites, así que aprovéchalos.

Haber descubierto tu superpoder y tu misión de vida fueron pasos increíbles para ti y que te tomaron mucho esfuerzo, sudor y lágrimas. De verdad que te entiendo, pues empezar sanando tus heridas emocionales no es fácil y es un camino que hay que recorrer muchas veces. Y aunque ese fuego interior ya esté ardiendo dentro de ti y tengas todas las herramientas para salvarte y hacer la vida de los demás mejor, debo recordarte que los superhéroes no solo se enfrentan a un villano, sino a varios. A medida que los vas venciendo, te vas haciendo más fuerte y valiente, pero siempre llegará uno que te desestabilice más que el resto. Puedes pensar que muchas personas que están en tu mismo camino, que comparten tu misión y tus objetivos, quieren ayudarte, trabajar en equipo y salir adelante con más impacto en fuerza, pero eso a veces no sucede y tienes que prepararte para eso. En la vida te vas a encontrar con gente que quiere que te vaya bien, pero no mejor que ellos. Ese es un golpe fuerte, pero, como todo, te va a dejar un gran aprendizaje.

Cuando publiqué mi primer libro, *Cómo salir del Club de los Fracasados*, decidí que también quería realizar una conferencia sobre ese tema para complementarlo todo, así que comencé a trabajar y a escribir un guion. Cuando estuvo listo, presenté el guion a unos productores que ya habían estado encargados de varios *shows* de música. La verdad es que confiaba en ellos y, como es normal, les pedí un contrato para que todo nuestro acuerdo quedara por escrito, pero ellos me decían que después, después y después. ¡Alerta de bandera roja! Las cosas iban avanzando y un día la casa productora me dijo que el guion estaba bueno, pero que querían pasárselo a un experto para que lo mejorara.

Como era primeriza, acepté, aunque no me sentía muy cómoda porque yo era la que conocía el contenido, mi discurso y mi manera de hablar. Hoy, cuando lo veo desde otra perspectiva, me doy cuenta de que ellos querían incluir a alguien de su equipo en el guion para sentir que estaban presentes, que estaban haciendo algo. Y fue allí cuando todo empezó a ir mal. Los ensayos fueron horribles porque el maestro de actuación me decía que lo estaba haciendo fatal, pero yo no quería ser actriz, sino conferencista, y sus indicaciones no tenían sentido. Esa persona y su equipo me hacían sentir menos que ellos, no me dejaban dar mis ideas porque decían que eran malas, y no me convenían...

En fin, llegó el día de la conferencia y salí, junto con otras dos personas, para presentarnos ante el público. En ese momento, estábamos en un teatro que habíamos conseguido por intercambio de publicidad, así que la productora no había tenido que pagar nada por eso. Nuestro acuerdo fue que ellos llevaban la conferencia, se encargaban de vender las entradas y las ganancias se repartirían por la mitad; de manera que ellos recuperarían lo que habían invertido. Cuando el *show* pasó, tuve la oportunidad de firmar con Lina Cáceres para que se convirtiera en mi mánager y fue una de las mejores decisiones que tomé en la vida. Sin embargo, cuando la productora se enteró, todos los que trabajaban allí se pusieron histéricos y dijeron: "Nosotros llevamos todo lo tuyo y agradece que te habíamos dado permiso de quedarte con tus redes".

Yo, obviamente, les dije que habían entendido todo mal, que solo los había contratado para una conferencia, y ese fue el momento en el que me sacaron una cuenta de más de un millón de pesos mexicanos (unos 52,000 dólares). Me estaban cobrando la renta del teatro, el maestro de actuación, los ensayos, la persona que había modificado el guion, las luces y un montón de cosas más. En ese momento les contesté que, primero, el teatro lo había conseguido por intercambio y, segundo, que ellos habían decidido producirlo todo (lo que quería decir que era su inversión y que no podían cobrarme nada). Fue horrible que no tuviéramos contrato porque ellos se habían negado a darme uno a pesar de mi insistencia. Creo que me subestimaron y pensaron que podían estafarme, pero yo tenía los pies sobre la tierra y estaba muy segura de todo lo que había construido, así que no me iba a dejar.

Aunque me sentía fuerte y sabía que tenía toda la razón, muchas veces lloré de la ansiedad porque era la primera vez que tenía que involucrar a una abogada con mi trabajo. Afortunadamente, ella y Lina me ayudaron a mediar con la productora y por fin pudimos dejar por escrito y firmado todo lo que habíamos acordado. No fue un proceso fácil porque pasamos todo un año descifrando y manejando esta situación. Al final, ellos firmaron un acuerdo que dictaba que tenían 18 meses para conseguir más lugares para realizar las conferencias, pero nunca me dieron fecha en ningún lugar.

Toda esta situación, aunque me llenó de ansiedad y frustración, me dejó grandes enseñanzas y la tomé como una oportunidad para crecer, para hacerme más fuerte y para confiar más que nunca en mi misión de vida. Sin importar cuántas personas intentaran obstruir mi camino, yo seguiría allí, firme, usando el superpoder de mis palabras para motivar a otras personas a nunca rendirse y a seguir volando.

QUE NADIE TE CORTE LAS ALAS

Aunque ya te sientas realizado y estés en un punto en el que tus heridas emocionales por fin están cicatrizando, en el que el síndrome del impostor ha dejado de decirte que no eres suficiente, en el que lograste salir de ese limbo en el que te atrapaban las excusas, en el que has decidido seguir lo que te dice tu fuego interior para potenciar tu superpoder y hacer de tu vida y la de los demás algo mejor, te puedo asegurar que vas a seguir encontrando baches y momentos difíciles en el camino.

Te hago mucho énfasis porque todo esto es un proceso y el camino que vas a seguir no siempre es lineal. Puedes tener grandes tramos en los que crees que vas por una gran autopista, avanzando rápido y sin ningún retraso, pero también puede haber momentos en el que el GPS te falla y tomas una salida que le añadió una hora más a tu viaje. Y es posible que retornes el camino después de esa hora de desvío, pero también es posible que encuentres nuevas oportunidades en esa carretera que nunca pensaste explorar. Te lo digo una vez más, perderte para encontrarte no es malo.

Es más, has llegado tan lejos y has acumulado tanta experiencia que te apuesto todas mis heridas a que ya nadie puede romperte más. Puede que alguna pieza haya quedado rota, pero ¿sabes qué?, sigues funcionando porque has recolectado todos tus pedazos y los has envuelto en amor propio. Los has juntado y los has pegado con oro para hacerte más hermoso. A través de tus heridas y tus grietas eres capaz de ver la luz de la nueva persona en la que te has convertido, de un *tú* más fuerte que no le tiene miedo a perderse o quebrarse. ¿Y sabes por qué? Porque eres capaz de reencontrarte y reconstruirte. Recuerda que ya lo lograste una vez y que puedes volver a lograrlo.

Tu misión de vida y tu superpoder siempre estarán ahí para llevarte adelante, para hacerte entender que, así como algunos sentimientos son pasajeros, los problemas y las dificultades también lo son. El poder está en ti y no en lo que otras personas digan de ti. Eres valiente, capaz y sabes que atraes lo que piensas, así que céntrate en las cosas positivas y deja que tu fuego interior te dé calor cuando más lo necesites.

La fuerza no proviene de las capacidades físicas. Proviene de una voluntad indomable.

MAHATMA GANDHI

CAPÍTULO 13

Los cinco pilares de tu fuerza interior

GRATITUD

Voy a presentarte cinco pilares en los que vas a poder apoyarte cuando la vida te ponga los retos más duros frente a ti y necesites de algo extra para seguir manteniendo tu superpoder, para seguir compartiéndolo y ayudando a los demás. Aunque quizás hayamos hablado brevemente de estos pilares en capítulos anteriores, es el momento de reforzar lo que sabes sobre ellos y descubrir las herramientas que cada uno te puede aportar para mantener tu fuerza interior siempre al máximo y no dejar que nada te impida volar alto.

El primero de ellos, y quizás uno de los más importantes, es la gratitud. No se pueden cambiar las cartas con las que naciste, pero puedes jugar con ellas y combinarlas de maneras infinitas. A pesar de que quizás esas cartas hagan tu participación en el juego algo más difícil, debes aprender a jugarlas a tu favor. Para atraer la abundancia a tu vida, para seguir creciendo como persona, transitando el camino del superhéroe y compartiendo tu superpoder con el mundo, tienes que dar gracias por lo que ya has alcanzado. No te quejes por lo que aún no tienes, piensa en ello de manera positiva, atráelo y acéptalo cuando llegue el momento correcto.

De acuerdo con investigaciones de la psicología positiva, la gratitud se asocia muchísimo con sentir mayores niveles de felicidad. Agradecer por las cosas que tienes, por las experiencias que vives y por las personas que están a tu alrededor puede llevarte a sentir emociones más positivas, disfrutar de mejores momentos, mejorar tu salud, ayudarte a lidiar con los instantes de adversidad y a construir relaciones más sólidas e indomables.

Además, la gratitud no solo consiste en decirle "gracias" a una persona cuando hizo algo por ti, sino que puede expresarse de diferentes maneras. Puedes agradecer por recuerdos de tu pasado y momentos de felicidad en tu infancia que, aún en el presente, te hacen sentir bien. Puedes agradecer por esa situación difícil que viviste y que te volvió más fuerte y te ayudó a deshacerte de personas tóxicas. Puedes agradecerle al presente por estar vivo, por poder respirar, por estar sano, por tener trabajo, por compartir tus momentos con una pareja que te valora, por ver la sonrisa de tus hijos. Incluso puedes agradecerle al futuro por las oportunidades que sabes que llegarán.

Y sí, antes leíste bien. También tenemos que agradecer las cosas malas, los retos, las dificultades y los obstáculos, pues en realidad fueron esas experiencias las que nos impulsaron a perdernos, a tomar nuevos caminos, a transformarnos, a volvernos más fuertes. Eres un producto de tus buenas experiencias, claro, pero fue el fuego de las dificultades el que te hizo indomable, el que alimentó las ganas de cumplir tu misión de vida y de desarrollar tu superpoder.

Algo que me gusta mucho de la práctica de la gratitud son las afirmaciones diarias, así que voy a dejarte algunas por aquí que, como te dije antes, puedes anotar en tu celular para tenerlas siempre a la mano. ¡También anímate a crear tus propias afirmaciones!

* Estoy agradecido por todas las cosas en mi vida que me llenan de felicidad y comodidad.
* Le doy gracias a los pequeños pasos que doy cada día para cumplir mi misión de vida.
* Agradezco los problemas y los retos porque me permiten evolucionar y crecer.
* Le doy las gracias a cada experiencia que me permite convertirme en la persona que siempre estuve destinado a ser.
* Le agradezco a mi cuerpo y mi mente, pues son las herramientas que uso para compartir mi superpoder con el mundo.
* Doy las gracias porque soy merecedor de todo el amor que llega a mi vida.
* Me siento agradecido porque cada día aprendo nuevas lecciones, expando mis sentidos y desarrollo mis habilidades.
* Vivo en un estado de gratitud y siempre estoy agradecido por la ayuda y el apoyo de otros que me han guiado en el camino.
* Agradezco que cuanto más agradecido estoy, la vida me da más cosas buenas por las que estar agradecido.
* Doy las gracias porque puedo enfocarme en lo bueno y positivo de la vida y en las personas que me rodean.

MANEJO DEL MIEDO

Hace un tiempo identificaste tu kryptonita y entendiste que hasta los superhéroes tienen que enfrentarse a momentos, objetos, personas o situaciones que los debilitan temporalmente. Y tú, como los superhéroes, también eres capaz de sobreponerte a cualquier reto o miedo que se atraviese en tu camino. En este pilar, voy a hacer énfasis en las herramientas que tienes a la mano para dominar tus miedos y no dejar que te dominen.

Los miedos están en tu imaginación. Y tu mente, si se lo permites, los desproporciona y los convierte en esos grandes monstruos que parecen más difíciles de enfrentar. Por eso, el primer paso para bajar esos miedos que sientes a un plano más terrenal es racionalizarlos. Escribe en una hoja de papel los que crees que son tus peores temores y empieza a pensar cuál es la realidad de cada uno de ellos. ¿Realmente son tan abominables como tu mente los pintó? ¿Qué pasa si los divides en pedacitos? Siéntate, reflexiona, respira hondo y enfréntate a ellos desde una perspectiva racional, dejando tus sentimientos y tu ansiedad de lado por un momento. Tan detalladamente como puedas, piensa en pequeños pasos que podrías tomar para enfrentarte a ellos. Cuestiónate cuánto te están limitando esos miedos en tu vida cotidiana. ¿Estás dejando de perseguir tus sueños por esos miedos? ¿Estás alejándote de una persona por culpa de ellos? ¿Estás dejando pasar las oportunidades de tu vida por no querer salir de tu zona de confort?

No dudes y hazte tantas preguntas como lo necesites sobre tus miedos. Confróntalos y dales la cara. Demuéstrales a ellos y a ti mismo que eres una persona nueva, que has crecido y que ahora no piensas dejar que nada te debilite. Piensa seriamente cuál es la probabilidad de que esos miedos se hagan realidad y, si existe alguna, piensa en qué es lo peor que podría pasar. Muchas veces, cuando dejamos de pensar en grandes escenarios catastróficos en nuestra mente y nos enfrentamos a ellos bajándolos al plano de la realidad nos damos cuenta de que estábamos creando una tormenta en un vaso de agua.

Ahora que has interrogado profundamente tus miedos, quiero que vuelvas a la lista que escribiste y los organices de menos a más grave. Poco a poco, a medida que te sientas preparado, empieza a afrontarlos. Da pequeños pasos para enfrentar uno o dos por semana, pero no te presiones y hazlo con el ritmo que te permita seguir sintiéndote bien. Cada paso que des en la dirección correcta para vencer ese miedo te recordará todo lo que has logrado hasta el momento, que sanaste tus heridas emocionales y llegaste al punto de desarrollar tu superpoder. Esa certeza de que has ganado una pequeña batalla en la guerra contra tus miedos te va a dar la seguridad que necesitas para saber que todo es posible. Celebra tus pequeños logros y sé compasivo contigo mismo. Agradece cada momento de progreso.

Ahora, si alguna vez sientes que uno de esos miedos está a punto de atraparte en sus garras, practica la respiración diafragmática. Si entrenas a diario esta habilidad, que es muy útil en todas las prácticas de meditación, vas a lograr calmar las reacciones físicas que te producen los miedos. Y si calmas las reacciones físicas, vas a poder calmar y controlar tu mente, vas a alejarla de esas espirales de pensamientos catastróficos que toman el control sobre ti. Para aprender a dominar este tipo de respiración, te sugiero que busques meditaciones guiadas en YouTube, pues uno de los primeros pasos que te enseñan es a inhalar, sostener el aire y exhalar al tiempo que estás reconociendo esos pensamientos y miedos sin interactuar con ellos.

Al final, cuando vuelvas a sentir la fortaleza que siempre estuvo en ti, enfréntate a tus miedos. Ignorar el miedo no lo hará desaparecer y solo hay una salida para desterrarlo de tu vida. Míralo a la cara, a los ojos, y comprende que no es real, que solo existe en tu imaginación y tu mente. Y ya te he hablado de lo poderosa que es la mente, así que es probable que intente jugarte el truco y convencerte de que es real, pero tienes que darte cuenta de que no puedes tocar tu miedo. Anda, levanta la mano, intenta tocarlo. ¿Ves que no es real? Tu miedo nunca estuvo en el plano real.

Ahora, es posible que haya miedos que, por más que lo intentes, no estés preparado para enfrentar solo. Y eso está bien. Ningún superhéroe es omnipotente e invencible, incluso ellos necesitan ayuda algunas veces. Así que, si sientes que lo necesitas, que tus miedos realmente son paralizantes y las herramientas que tienes a la mano no son suficientes, no dudes en buscar la ayuda y guía de un profesional de la salud mental. De hecho, tampoco hace falta que esté pasando algo gravísimo en tu vida para que decidas ir a terapia. ¡Todos deberíamos hablar con alguien que nos escuche de la manera en la que necesitamos! Hablar con un profesional sobre lo que nos angustia, nos molesta, nos estresa o nos tiene estancados es saludable y te va a hacer sentir más ligero para poder volar.

Debemos desmitificar la vergüenza que nos da aceptar que necesitamos ayuda de un psicólogo, psiquiatra o terapeuta. Ir a un profesional de la salud mental no significa que estemos locos, significa que somos lo suficientemente maduros para saber cuándo buscar ayuda. No está mal ir a terapia, lo que está mal es juzgar a las personas que deciden tomar ese paso. ¡Sé valiente!

PROPÓSITO

Tu fuego interior puede ayudarte a descubrir cuál es tu misión de vida y cómo debes usar tu superpoder para salvarte a ti y a los demás, pero no podrás cumplir tu verdadero propósito si nunca te atreves a probar cosas distintas, a vivir nuevas experiencias, a compartir tus habilidades con personas que tal vez nunca hubieras conocido. Para que comprendas el verdadero alcance de tu misión y de tu propósito en la vida, debes salirte de tu zona de confort, del área que siempre frecuentas. Atrévete a presentarte en lugares y ante personas que no conoces y ofréceles todo lo que puedes dar. Solo así vas a saber exactamente en qué situaciones puedes aprovechar más tu superpoder para seguir creando esa cadena de favores que puede cambiar el mundo.

Solo experimentando, perdiéndote, encontrándote y siendo indomable vas a poder identificar cuáles son esas cosas que te gusta hacer y que contribuyen a tu misión de vida y cuáles son las que realmente no funcionan para ti. Puede que creyeras que tu superpoder era escuchar, pero practicándolo realmente te diste cuenta de que tu fortaleza reside en contar tus historias y hablar para que las personas usen tu experiencia para sus propias vidas y se animen a probar diferentes caminos. Probar. Esa es la palabra clave. Tienes que probar cosas nuevas una y mil veces para encontrar tu vocación y el camino que te llevará a cumplir tu propósito.

Ahora, recuerda que tu propósito como superhéroe era salvarte y sanarte a ti primero para ser capaz de ayudar a las demás personas. Nunca pierdas tu dirección. Asegúrate de que tus acciones y la manera en la que usas tus habilidades sean el motor o el impulso que cambie la vida de alguien para que se transforme en alguien mejor y sienta la motivación para hacer lo mismo por más gente. Si tu propósito y tu superpoder te hacen sentir vivo y feliz, esa es una señal de que estás haciendo las cosas bien y por fin encontraste un camino.

Los propósitos de un superhéroe nunca son egoístas y, si bien necesitas salvarte a ti primero, no olvides nunca que tu deber es servir a los demás, transmitirles todo lo que has aprendido en tu camino y darles las herramientas para que, cuando tú no estés, puedan seguir transformándose en mejores personas. Recuerda siempre este pensamiento de la madre Teresa de Calcuta: "Quien no vive para servir, no sirve para vivir".

AUTENTICIDAD

Este es un pilar que nunca, nunca puedes olvidar. Eres una persona única que no vive las mismas circunstancias ni tiene las mismas características de los demás, así que no sirve de nada que te compares o que pienses: "Ay, mi amigo ya tenía la vida resuelta a los 30 años"; "Uf, es que mi compañero de trabajo lleva menos tiempo en la empresa y ya lo ascendieron"; "Los demás encuentran pareja y yo no". Las comparaciones nunca son productivas y no te van a llevar a mejorar en ningún sentido, solo van a revivir tus dudas, excusas e inseguridades.

Piénsalo, de verdad eres uno entre casi ocho mil millones de personas. La probabilidad de que existieras era ínfima, pero aun así estás aquí, eres un milagro, eres auténtico y tienes ideas diferentes al resto de las personas. Pudiste nacer en México, en Estados Unidos, en la India o en Nepal, pero apareciste en el universo en el punto en el que debías hacerlo. No eres una coincidencia al azar, el destino jugó sus cartas y te creó tal y como eres, en este momento de la historia y del tiempo, para que cumplas con tu misión de vida y tu propósito.

No tengas miedo de ser quien realmente eres, de expresar tu personalidad e identidad como te haga sentir más cómodo. Conviértete en esa persona y ese superhéroe que siempre estuviste destinado a ser. No dejes que la sociedad y las convenciones dicten cómo tienes que actuar, cómo debes vestirte o a quién tienes que amar. Sé libre y ejerce esa libertad. En el mundo hay espacio para absolutamente todos, y tus colores no te definen ni te restringen. En el arcoíris cabemos absolutamente todos, y en el mundo mejor que estás ayudando a construir nadie se sentirá juzgado nunca más por sus creencias, su color de piel, su afiliación política, su identidad, su sexo o su nacionalidad. Usa tu superpoder para ayudar a otros a encontrar su auténtico ser y a estar orgullosos de él.

Quiero que hoy tomes un momento de tu día y reflexiones sobre las cosas que te hacen ser tú, sobre las cosas que amas de ti mismo y que te hacen auténtico. Escríbelas en una lista, aprécialas y agradece por cada una de ellas. Son esas cosas las que te impulsarán a seguir encontrando tu personalidad y a fortalecer tu misión de vida. Son esas cosas las que te darán la valentía que necesitas para seguir compartiendo tu superpoder y nunca desfallecer.

RELACIONES INDOMABLES

Los superhéroes no triunfan solos y tú, como ellos, debes cultivar relaciones indomables que te duren para toda la vida y te apoyen en tus momentos de debilidad y éxito. Son esas relaciones las que harán que sigas portando tu capa de superhéroe o que la cuelgues y te conviertas en un villano amargado. En la vida real, ningún villano nació siendo perverso y queriendo hacer el mal. Los villanos fueron convirtiéndose en quienes son por darles una voz excesiva a sus miedos, sus inseguridades y por cultivar relaciones que no fueron sanas para su desarrollo ni para su fuego interior.

Para mí, existen tres tipos de relaciones indomables que debes fortalecer para alcanzar todo tu potencial como superhéroe: las familiares, las que involucran a terceros y la que desarrollas contigo mismo. Las relaciones familiares representan tu núcleo, ese vínculo que te une a tus seres queridos. Tu familia puede ser uno de tus mayores pilares y pueden convertirse en esas personas a las que recurres cuando no estás pasando por tu mejor momento. Si no desarrollas una buena relación con tu familia, seguramente no podrás tener relaciones saludables con el resto de las personas, así que, cuando la situación lo permita, cultiva siempre esa cercanía con ellos.

Ahora quizás te preguntes: "Oye, Regi, pero en realidad en mi familia hay personas tóxicas, ¿qué puedo hacer en ese caso?". Estás unido a tu familia por la sangre y los genes, pero el mundo no es perfecto y, a veces, debes tomar la decisión de distanciarte de ellos porque te hacen daño, no te apoyan y te destruyen en lugar de ayudar a construirte. Si bien la sangre nos une a la familia, no es algo que implique que siempre debas mantener esos lazos. Distanciarte de un familiar, de tu mamá, de tu papá o de tus hermanos porque no te hacen bien no es una decisión fácil, pero es necesaria para darte el tiempo y el espacio que necesitas para sanar.

Recuerda que muchas de las heridas emocionales que cargamos hasta la adultez se generan en nuestra infancia por los tratos de nuestros padres, familiares y allegados, así que no tengas miedo de analizar las circunstancias y decidir lo que sea mejor para ti. Puedes elegir perdonarlos y construir una relación sana con ellos desde ese perdón, pero también puedes elegir perdonarlos y no permitirles volver a tu vida. Todo depende de sus actitudes y las decisiones que ellos mismos tomen. ¿Están dispuestos a cambiar? ¿Están dispuestos a apoyarte y dejar de hacerte daño? ¿O sencillamente sus personalidades y actitudes tóxicas no dan signos de desaparecer? Evalúa bien tus opciones y escoge la mejor para ti. Si bien los superhéroes no son egoístas, sí que tienen que pensar en sí mismos y en su bienestar si quieren lograr salvar a los demás.

Aunque el concepto tradicional de familia sea el de las personas unidas por la sangre, tú tienes la potestad de escoger a personas diferentes y crear la familia que elijas. Tus grandes amigos pueden convertirse casi en hermanos para ti si compartes sus mismos valores y juntos trabajan para animarse y crecer como personas. Rodéate de personas que te sumen, no de personas que te resten y te limiten.

Si alguna vez piensas que es difícil para ti crear relaciones duraderas, ya sean románticas o de amistad, lo primero que debes hacer es autoevaluarte. Si eres una persona envidiosa, iracunda u odiosa, no vas a atraer a las personas correctas a tu vida. Cultiva dentro de ti sentimientos positivos, de libertad, de compartir y de enseñar, pues de esa manera te vas a rodear de personas que emitan tu misma energía y te aseguro que la conexión con ellas será mucho más poderosa y pacífica que las que atraías con tus anteriores patrones tóxicos.

Antes de construir relaciones con los demás, trabaja en ti mismo. Alimenta tu seguridad, potencia tus buenas características y adopta una actitud que te permita vivir tranquilamente, en paz con tus metas y con el impulso de siempre querer ayudar a los demás y celebrar sus logros. Deja las envidias de lado y crea esa cadena de favores que cambiarán tu vida y harán del mundo un lugar mucho más positivo. Si eres una persona vitamina, más gente te va a querer en su vida.

Para eso, la relación más importante que debes fortalecer es la que tienes contigo mismo. Tú puedes ser tu mejor amigo o convertirte en tu propio villano. Si no crees en ti, nadie más lo va a hacer. Convéncete de todo lo que vales y de todo lo que eres capaz. ¡Mírate ahora mismo! El camino que has recorrido no ha sido fácil y ha dolido, pero ha valido la pena. Sé que hay una batalla constante en nuestras mentes entre las fuerzas negativas y las positivas de la vida, entre lo que nos hace mal y lo que nos hace bien, pero tu actitud, tus valores y el fuego interior que has ido alimentando serán los que determinen qué dirección tomas. Responsabilízate de tus actos, sana tus heridas y quiérete a ti mismo antes de empezar a ayudar a los demás con tu superpoder.

Encuentra un grupo de personas que te reten y te inspiren, pasa mucho tiempo con ellas y eso te cambiará la vida.

AMY POEHLER

CAPÍTULO 14

Tu equipo de superhéroes, tus aliados

LAS PERSONAS SON BENDICIONES O APRENDIZAJES

Hasta ahora el camino que has recorrido para auto-descubrirte, encender tu fuego interior y encontrar tu superpoder ha sido bastante solitario. Has tenido que perderte dentro de ti mismo para encontrarte y eso ha requerido de muchísima introspección y reflexión Sin embargo, hace poco te aliaste con quien sería tu mentor y has empezado a aprender de esa persona, a absorber todo el conocimiento que le ha dado su experiencia y lo has aplicado en tu propia misión de vida para cumplir con tus objetivos.

¡Ahora es el momento de comenzar a pensar en ese equipo de superhéroes que siempre te apoyará cuando más lo necesites! Ya te lo he dicho, ningún superhéroe trabaja bien completamente solo y siempre es consciente de que sus amigos, ya sean humanos u otros superhéroes, podrán ayudarlo. Superman siempre cuenta con la ayuda de Lois Lane y Jimmy Olsen; Iron Man con J. A. R. V. I. S. y Pepper Potts; Batman tiene a Robin; el Capitán América a Bucky, y, por supuesto, existen los supergrupos como la Liga de la Justicia o los Vengadores.

Elegir a las personas que te van a rodear ahora que ya sabes cómo usar tu superpoder y lo estás aprovechando para hacer del mundo un lugar mejor, un lugar en el que una cadena infinita de favores nos convierta a todos en mejores seres humanos, es supremamente importante. Y lo es porque son esas personas las que van a definir si tienes éxito o no en tu vida, si vas a seguir creciendo como superhéroe o vas a ir perdiendo tu fuego interior poco a poco, si eventualmente te conviertes en un mentor o si vives lo suficiente para convertirte en un villano.

Hay personas que llegan a tu vida como una bendición y debes hacer todo lo posible para aferrarte a ellas y no perderlas; debes crear una relación donde esas personas y tú crezcan. Y no te estoy hablando solo de una relación romántica, sino también de amistad, de camaradería, de familia escogida. Cuando este tipo de personas llegan a tu vida, su energía, sus sonrisas y su positividad te dan todo el impulso que necesitas para seguir creyendo en ti, en que tu misión es posible y en que elegiste el camino correcto al querer compartir tu superpoder.

Sin embargo, también puede suceder que aparezcan en tu vida personas que en un principio pensaste que encajarían bien contigo, pero que finalmente no comparten tus mismos ideales, no tienen buenas actitudes y, a la larga, te hacen daño. Es muy importante que sepas identificarlas y dejarlas ir de tu vida. Esto es muy difícil cuando son personas que han estado mucho tiempo contigo, pero no te hace bien quedarte en una relación (sin importar de qué tipo) que no te suma, sino que te resta. Salir de la zona de confort nunca es tu primer instinto, pero hay momentos en los que es necesario para tu crecimiento. Las personas que te hacen daño o que sencillamente no encajan con tus ideales son oportunidades de aprendizaje, así que agradéceles, perdónalas si es necesario y sigue adelante. Confío en ti.

Como lo mencioné brevemente en mi libro anterior *Cómo salir del Club de los Fracasados*, tú vas a convertir a cinco personas en parte de tu vida y te vas a rodear de ellas, así que elígelas bien y, aunque suene a matemáticas, procura que sean personas que te sumen, no que te resten; personas que te multipliquen y no te dividan. Para que tengas una mejor idea de cuáles pueden ser esas personas, te voy a compartir algo que leí un día sobre los cinco tipos de personas que deberías tener en tu vida. ¡Toma nota!

RODÉATE DE ESTOS CINCO TIPOS DE PERSONAS

Las que te recuerdan a dónde perteneces

Ya sabes que es normal perderse por momentos en la vida, tomar caminos que nunca nos esperábamos. La cosa es que, a veces, cuando deambulamos muy profundo en ese bosque inexplorado que hay dentro de nosotros, encontrar el camino de vuelta puede convertirse en algo mucho más difícil de lo que esperábamos, así que aquí es donde aparece esa persona que te recuerda a dónde perteneces y desde dónde empezaste.

Tal vez la misión de esta persona solo sea guiarte por un período corto de tiempo para que te vuelvas a reencontrar, para que recuperes la visión y sepas en dónde estás. Quizás esta persona no vaya a estar para siempre en tu vida, pero la huella que deja en tu camino es tan importante que nunca la olvidas. Abre los ojos e identifica a esas personas que aparecieron de repente o volvieron a tu vida después de mucho tiempo y te recordaron tu esencia.

Para mí, esa persona es Caty Garza de Monterrey. Ella fue mi primera amiga y nos conocimos cuando éramos muy pequeñas. Si no lo recuerdo mal, nuestro primer encuentro fue a los cinco años y, de hecho, luego estudiamos los siguientes trece años juntas. ¡Y también la universidad! Después de eso, cada una tomó diferentes caminos y dejamos de vernos todos los días. Caty ahora se dedica 100 % a su familia y, a pesar de que las dos vivimos en lugares diferentes del mundo, sigue allí para mí cada vez que la necesito. Después de tantísimos años de conocernos, no necesitamos hablar todos los días para saber que nos queremos y que siempre seremos un apoyo para la otra.

Ella me recuerda que, además de ser Regina Carrot, *speaker*, *coach*, experta en psicología positiva, también soy la Regina de antes y eso es muy valioso para mí. Caty siempre me ha dicho que confíe en mis principios, en mis valores y que aleje de mi vida a las personas que no quieren lo mejor para mí. Con ella no tengo que fingir porque, como me ha ayudado a encontrarme cuando estaba más perdida, conoce todos mis secretos y facetas y no me juzga.

Pregúntate si tienes o has tenido a una persona así en tu vida y agradece su presencia. Crear relaciones duraderas con este tipo de personas te dará paz, la sensación de que puedes ser tú mismo y la oportunidad de tener siempre a un consejero que te dirá las cosas sin filtro cuando las necesites para reaccionar. Incluso si son una presencia intermitente en tu camino, este tipo de personas buscarán, sin duda, darte lo mejor de ellas.

Las que te ayudan a crecer

Hay momentos en los que estás a punto de emprender un camino que será un reto o en los que las dudas y las excusas te están atrapando en sus garras de nuevo. Es justo en ese instante cuando normalmente aparece una persona que es como una luz en tu vida y actúa como un mentor o guía para sacarte de esa situación de indecisión y debilidad momentánea.

Este tipo de personas ven en ti lo que tú todavía no has descubierto y te dan las herramientas para que logres superarte y ver ese superpoder que siempre has tenido dentro. Quizás solo necesitabas un empujón o que alguien confiara en ti cuando estabas dudando, y esta persona está allí para decirte que cree en tus capacidades y que sabe que saldrás adelante. Son personas que te ayudan a llegar más alto y por las que sientes un agradecimiento infinito.

Lina Cáceres, mi mánager, llegó cuando estaba viviendo un completo caos en mi vida, cuando la productora de la que les conté antes me quería estafar. Ella llegó en el momento perfecto y me ayudó a salir de una situación que viví con mucha ansiedad. Lina es quien me guía en mi carrera profesional, quien me salva de muchas situaciones y quien me recuerda una y otra vez el valor de lo que hago. Es una de mis grandes maestras y mentoras. Y, de hecho, ahora, con el paso de los años, se ha convertido en una verdadera amiga.

Conocí a Lina una vez que fui invitada a Televisa, en México, al programa Hoy para promocionar una conferencia que estaba dando en la Ciudad de México. Detrás de cámaras, conocí a Sebas Villalobos, un *youtuber* que me cayó superbien. Y con él estaba Raúl García, que es la mano derecha de Lina en LatinWE. El punto es que, un tiempo después, empecé a seguir a Sebas en Instagram y el 20 de diciembre vi que publicó: "¡Feliz cumpleaños a la mejor mánager!". Le di *tap* al usuario, que era el de Lina, y vi todo lo que hacía. Sin pensarlo mucho, le envié un mensaje directo porque quería que habláramos.

Si no hubiera ido a ese programa de Televisa y no me hubiera animado a hablar con Sebas, nunca habría llegado a Lina. Definitivamente, la vida me puso en el camino correcto para encontrarla, porque es una persona que valoro muchísimo y que todo el tiempo me recuerda de lo que soy capaz y me anima a creerme por completo lo que hago y quien soy.

Las que te despiertan

¿Has sentido alguna vez que llegaste a un punto muerto, a un limbo, y por más que lo intentas no sabes cómo salir de ahí? Es como que estás viviendo en modo automático y solo estás dejando que las cosas sucedan a tu alrededor, no estás siendo una pieza activa ni en tu crecimiento ni en el de los demás. Justo en este punto es cuando aparecen esas personas que chasquean los dedos frente a tu cara y te despiertan. Son esas personas que te invitan a probar cosas nuevas, a vivir nuevas experiencias para avivar nuevamente ese fuego que arde en tu interior.

Con estas personas puedes desarrollar relaciones indomables de amistad o incluso románticas, pues son quienes se quedan siempre a tu lado para darte esa palabra que te da ánimo, para tener contigo ese gesto que te saca de tu zona de confort y te recuerda que tu misión es compartir tu superpoder.

En mi caso, esa persona fue Bárbara de la Rosa, que es una famosa *coach* mexicana de negocios e inteligencia emocional. Yo estaba a punto de lanzar mi curso *Cómo conquistar al amor de tu vida* porque me estaba yendo muy bien. De repente, en un evento de una plataforma de cursos en línea, conocí a Bárbara y quedé encantada con su manera de impulsar a las mujeres a cambiar sus vidas. Después de las conferencias, hablé un rato con Bárbara y, a pesar de que ella no me conocía y era la mentora de miles de personas, me dijo que tenía que dejar de lado la comodidad en la que me estaba asentando en mi carrera profesional y que debía animarme a hacer cosas más grandes y complicadas.

Desde ese momento, Bárbara y yo empezamos a conectarnos semanalmente por Zoom para unas asesorías que ella, muy amablemente, me daba de manera gratuita. Incluso me pasó un Excel con diferentes fórmulas que me permitían ver si las cosas que hacía funcionaban o no en términos de pauta y rendimiento. Ella me ayudó muchísimo a estructurar mi negocio digital, pues en realidad no es algo que aprendes normalmente, sino que vas descubriendo a partir de las pruebas y los errores.

El mundo de los infoproductores es muy diferente al de los creadores de contenido y generalmente piensan que no pueden ayudar a otros porque les van a quitar espacio de acción, pero Bárbara fue muy generosa y abierta conmigo, cosa por la que le estaré siempre agradecida. Y es que no solo me dio asesorías, compartiéndome su Excel y sus conocimientos, sino que me ofreció al grupo de mujeres con el que ella trabajaba para probar cosas de mis propios cursos. Quizás esa era su manera de incluirme en esa infinita cadena de favores que tienen el poder de cambiarme a mí, a ti y al mundo entero.

Las que te dan una pista

Hay personas que son como estrellas fugaces. Te cruzas con ellas por un momento, pero sus palabras tienen la capacidad de dejarte pensando durante mucho tiempo, reflexionando sobre esa idea que no sabías muy bien cómo llevar a cabo. Las personas que te dan una pista generalmente no se quedan por mucho tiempo en tu vida, pero su huella es indeleble.

Piensa, quizás, en esos extraños que fueron amables contigo un algún momento, en esa persona aleatoria con la que conversaste unos minutos en una sala de espera o en esa conversación que escuchaste en el transporte público que desbloqueó esa corriente creativa que te hacía falta. Imagínate que eres como Superman y que, cuando necesitas una pequeña pista para seguir adelante, vas a tu fortaleza a escuchar esas voces del pasado que también pueden ayudarte a descifrar el presente y el futuro.

Cuando entré a la especialización en psicología positiva de la Universidad Iberoamericana de Monterrey, todo sucedió por un canje de publicidad en mis redes sociales. Allí conocí a un chico que se llama Alejandro y fue él quien me impulsó a escribir mi primer libro. Me conocía muy poco, pero fue muy amable y dijo: "Si necesitas ayuda, puedo pasarte el dato de mi diagramadora, que es quien se encarga de poner todo bien en las páginas interiores del libro". Así fue como él comenzó a guiarme sobre cómo funcionaba el proceso de crear un libro, su estructura y publicación, que no es algo que sepas por instinto, sino que se descubre poco a poco.

Tras esa conversación, supe que el universo me había dado la señal que necesitaba y me lancé a escribir *Cómo salir del Club de los Fracasados*. Aunque Alejandro y yo no tenemos ningún tipo de contacto ahora, le agradezco mucho su presencia fugaz en mi vida porque me ayudó a reafirmar mi idea de que debía contarle cosas al mundo a través de los libros, que debía seguir ayudando a las personas a través de la cantidad de formas que pueden tomar las palabras. Él me quitó el miedo a ser autora, a creerme autora. Me motivó y me ayudó a dar ese paso. Si por alguna diosidencia de la vida estás leyendo esto, ¡gracias, Alejandro!

Las que llegan para quedarse

Todo superhéroe necesita esa persona incondicional, esa persona que quizás al principio no parecía tan importante, pero que se convirtió en la roca y en el mejor apoyo del universo. Las personas fundamentales no llegan a tu vida por una casualidad, sino porque tu energía la atrajo y el universo sabía que iban a formar un gran equipo. Piensa en esa persona a la que siempre quieres acudir cuando algo bueno te pasa, cuando necesitas compartir una buena noticia, cuando necesitas un abrazo, ¡esa es la persona que llegó para quedarse! Cuídala mucho y nunca la dejes ir porque son mejores personas juntos.

Rubén Felipe Álvarez y yo nos conocimos el 22 de diciembre del 2011 y desde ese día hemos estado juntos. ¡Ya son más de diez años de relación! Fuimos novios por cuatro años y ahora llevamos seis años de casados. Juntos tenemos a nuestra bolita en el cielo y a Regis, que es nuestra bebé arcoíris. Él y yo nos conocimos cuando todavía estábamos en la universidad y yo aún no trabajaba en la empresa de alimentos y bebidas. Él me conoció tal cual era, con mis sueños para el futuro, y siempre creyó en mí desde el primer momento.

De hecho, fue Rubén quien me compró mi primera cámara cuando le conté que quería lanzarme a hacer videos en YouTube. Recuerdo que fue una cámara de segunda mano, pues las nuevas estaban carísimas y en esa época los celulares no grababan tan bien como ahora. Era una cámara Canon que le costó siete mil pesos mexicanos (unos 370 dólares), lo cual era muchísimo porque nos acabábamos de casar y los gastos eran bastante altos. Me acuerdo mucho de que en ese momento lo que ganábamos los dos apenas nos alcanzaba bien, así que el gesto de la cámara significó mucho para mí. Vaya, es que incluso nuestra familia nos ayudaba con una parte de la renta para que pudiéramos vivir en un lugar mejor.

A pesar de que al principio nadie veía mis videos y yo me desanimaba y lloraba, Rubén siempre estuvo a mi lado, diciéndome que creía en mí, que tuviera paciencia y que pronto el mundo se daría cuenta de lo valiosa que era. Creo que gran parte de mi éxito se lo debo a él y a todo el apoyo emocional que me ha dado como pareja. Es algo invaluable. Él nunca fue una persona tóxica que me reclamaba porque no le dedicaba tiempo por perseguir mis sueños, porque dejaba a la bebé por ir a dar conferencias, etc. Nunca. Rubén siempre ha entendido que las responsabilidades de padres las tenemos las dos, así que me acompaña cuando puede a mis asuntos de trabajo y también se encarga de Regis como el mejor papá del mundo. Queremos pensar que vivimos en un mundo que ha dejado el machismo de lado, pero la verdad es que la sociedad todavía engloba mucho a las mujeres solo en sus roles de madres y amas de casa. Pero con Rubén todo es diferente, él me apoya y me anima a seguir adelante.

Es más, en octubre del 2022, cuando se organizó VidCon México y había creadores de contenido por todas partes, Rubén siempre estuvo conmigo detrás de las cámaras o en el público, grabándome, tomándome fotos y apoyándome. Solo se quedó unos días porque tenía que trabajar, pero en la última conferencia que di, lo vi grabándome desde el público y cuando me bajé y lo abracé, empecé a llorar. En medio de un mundo de creadores en donde siempre hay mucha presión, competencia y las inseguridades te hablan más fuerte que nunca, él es mi roca. Yo me sentía muy bien con él allí, porque siento que a veces no encajo en los grupitos, pues parecen como de preparatoria. Recuerdo que Claudia Bahamón vio toda esta escena, se rio y dijo con mucha ternura: "Oh,

Regi está llorando por Rubén". Luego me dijo que ella no lloraba por su marido desde hace años y que esa felicidad le parecía muy linda. Me sentí un poco cursi, debo admitirlo, pero fue una gran anécdota.

Ahora que conoces a los cinco tipos de personas que puedes incluir en tu equipo, quiero que pienses en quiénes son los que rodean tu vida, cómo interactúan contigo, qué te aportan y cómo te sientes a su lado. No importa si esas personas están siempre contigo o si han sido encuentros fugaces, piensa en ellas y asígnales uno de esos roles. Ahora dibuja un círculo central en una hoja y rodéalo de otros cinco círculos. Escribe tu nombre en el medio y alrededor el de la persona que te recuerda a dónde perteneces, la que te ayuda a crecer, la que te despierta, la que te da una pista y la que llega para quedarse. Cada vez que te sientas desfallecer, mira este diagrama que has creado y agradece por la presencia de estos aliados en tu vida. ¡Nunca estás solo!

Puedes tener todas las herramientas del mundo, pero si no crees genuinamente en ti, todo será inútil.

KEN JEONG

CAPÍTULO 15

Herramientas para potenciar tu superpoder

Ya estamos llegando al final, así que quiero que mires atrás y te des cuenta de hasta dónde has llegado y todo el progreso que has tenido. Empezaste cargando con tus heridas emocionales, sin saber a dónde ibas, dándole poder a tus excusas y miedos, sin atreverte a ser completamente auténtico y sin saber utilizar ese superpoder que siempre tuviste dentro. Te has cuestionado durante miles de noches si eres lo suficientemente bueno, si tienes lo que se requiere para triunfar y conquistar el mundo o si estás engañando a todos y has llegado a donde estás por pura suerte.

Hoy quiero que sepas que todas esas heridas que sufriste y que sanaste, todas esas cicatrices que lograste formar y que ahora exhibes con orgullo, porque son un signo de tu fortaleza, son las que te han impulsado a transformar tu vida y a convertiste en el superhéroe en el que siempre quisiste transformarte. ¡E hiciste algo mucho mejor que solo esperar a que ese superhéroe llegara! Le diste un giro a tu vida y decidiste ser él, ser ese superhéroe que siempre necesitaste. Todo lo que siempre quisiste ser estuvo dentro de ti, solo necesitabas las herramientas para creértelo y dominar ese poder, para hacer brillar tu fuego interior. ¡Te felicito! No solo te salvaste a ti mismo, sino que aceptaste tu misión de vida para salvar a otros y hacer de este mundo un lugar más positivo, amable y acogedor.

Estás al final de este camino de descubrimiento, pero a la vez estás en la línea de salida de la aventura que te llevará a compartir tu superpoder con el máximo número de personas posible, así que quiero compartirte unas últimas herramientas para que potencies esa habilidad única que te salvó y que salvará a quienes así también lo deseen.

MEDITACIÓN DIARIA PARA TENER ABUNDANCIA EN TU VIDA

A continuación, podrás leer esta meditación que he creado para ti. No olvides ubicarte en un espacio cómodo, libre de distracciones y que te permita estar en sintonía con tus pensamientos y tu fuego interior.

Comienza a conectarte con tu respiración.
Inhala profundo por la nariz.
Sostén el aire durante unos segundos.
Exhala lentamente por la boca.
Siente cómo el aire entra a tus pulmones.
Repite este proceso varias veces.
Ve la vida y todo lo que tienes a tu alrededor.
Todo eso lo has logrado tú, con tu esfuerzo y tu trabajo.
Escucha mi voz y repite lo que te voy a decir.
Estas afirmaciones son para recordarte lo increíble que eres.
Eres valiente.

Eres indomable.

Eres amor.

Tú eres el amor de tu vida.

Repítelo hasta que te lo creas. Tu mente es poderosa.

Ahora cambiaré las afirmaciones.

Yo soy lo que he estado buscando.

Yo soy luz.

Yo soy paz.

Yo soy amor en movimiento.

Yo soy único.

Yo soy amor incondicional.

Yo soy merecedor de todo lo bueno de la vida.

Yo manifiesto mis sueños.

Yo ayudo a otros a encontrar su mejor versión con mi superpoder.

Yo soy esperanza.

Yo soy compasión.

Inhala profundo por la nariz.

Sostén el aire por unos segundos.

Exhala por la boca lentamente.

Examina tu cuerpo y piensa en qué sentiste con estas afirmaciones.

¿Cómo te sientes en este momento?

¿Percibes toda esa energía positiva recorriendo tu cuerpo y tu mente?

Eres poderoso.

Creo en ti.

RETO DE DIEZ DÍAS PARA CAMBIAR TU VIDA

Voy a proponerte un reto de diez días para que recuerdes todo lo que has aprendido en este libro y, cuando los cumplas, tengo una nueva propuesta para ti. ¡Anímate!

1. Vuelve al inicio y define cuál fue esa herida que te impulsó a convertirte en valiente. Pensando en ella, escribe una carta dirigida a ti mismo y guárdala en tu mesita de noche. Léela cada que necesites recordar cómo empezaste y en dónde estás ahora.

2. Piensa en todo lo que hiciste para sanar esa herida, los momentos altos y bajos, y compara esas sensaciones con este momento de ahora en el que has vivido todo un proceso y has descubierto tu superpoder.

3. Quiero que hagas algo que te incomode, algo que te obligue a dejar tu zona de confort, y lo compartas en tus redes sociales o con tus grupos de amigos y familiares.

4. Sé que, a pesar de todo, hay algo que has estado posponiendo y posponiendo, entonces quiero que agarres el teléfono y llames a esa persona que sabes que te va a impulsar a hacer eso ya mismo y a no dejarlo para el día que nunca llegará.

5. Sé que ir a hacer ejercicio solo es aburrido, así que por eso quiero que te juntes con una persona, un amigo o conocido y que, juntos, vayan a una clase o al gimnasio. Comprométete a no fallar durante tres meses seguidos para complementar tu transformación emocional con una física, si así lo quieres.

6. Define cuáles son esos tres pequeños pasos que estás tomando para mejorar tu vida.

7. Cuestiónate sobre qué te ha detenido para aprovechar las oportunidades que siempre has querido. Escribe al menos tres situaciones en las que eso haya sucedido y lo que vas a hacer para cambiar el resultado la próxima vez que eso pase.

8. Compararte con otras personas nunca es bueno, pero aquí quiero que compares tu versión del pasado con

tu versión ideal, esa que quieres llegar a ser. Hazlo en una columna comparativa y ve definiendo los puntos en los que aún crees que debes trabajar.

9. ¿Quién es tu persona vitamina, esa que te hace querer ser tu mejor versión? Piensa en una o en varias de ellas y describe por qué son buenas para ti.

10. Piensa en esa persona que admiras y por qué. ¿Crees que esa persona tiene algo que tú no? De nuevo, ¡no te compares! Úsala como inspiración para descubrir nuevos caminos que te pueden llevar a cumplir tu misión de vida.

Como puedes ver, el reto anterior consistía en diez ejercicios para cambiar tu vida. Ahora tú tienes el compromiso de compartir tu superpoder con el mundo y, en diez días, cambiarles la vida a diez personas. Ya sabes que no tienen que ser gestos enormes, pues cada granito de arena que aportes hace la diferencia. ¡No tengas miedo y sal a mejorar el mundo!

En tu diario, en una libreta o en una hoja de papel, escribe qué hiciste en cada uno de tus diez días.

CONTRATO PARA SEGUIR VOLANDO Y AYUDANDO AL MUNDO CON TU SUPERPODER

REUNIDOS
De una parte, Regina Carrot, y de la otra, tú, que has leído este libro.

ME COMPROMETO A
Cláusula primera: identificar mis heridas emocionales y sanarlas para volverme más fuerte.

Cláusula segunda: no tener miedo a perderme y tomar esos desvíos como una oportunidad para encontrarme, transformarme y crecer.

Cláusula tercera: encender mi fuego interior, desterrar las excusas de mi vida y nunca más escuchar al síndrome del impostor.

Cláusula cuarta: identificar mis fortalezas y debilidades para encontrar el camino que me llevará a atraer la abundancia a mi vida.

Cláusula quinta: ser valiente, indomable, escuchar a mi fuego interior y desarrollar todo el potencial de mi superpoder.

Cláusula sexta: adoptar como mi misión de vida el compartir mi superpoder, crear una cadena de favores y dejar el mundo mejor de como lo encontré en un inicio.

Nunca subestimes el poder que tienes para llevar tu vida en una nueva dirección.

GERMANY KENT

CAPÍTULO 16

Veredicto

¡Lo lograste! Has llegado al final de esta transformación que te está empezando a cambiar la vida. Ahora eres tan poderoso que incluso puedes compartir tu superpoder con otras personas y ayudarlas a cambiar sus vidas también. Estoy muy orgullosa de ti porque sé que no ha sido un camino fácil, ni muy transitado y, a veces, pudo ser solitario, pero te has topado con muchísimas enseñanzas que sé que no las olvidarás nunca. Además, cuando estuviste listo, identificaste tus heridas y encontraste maestros de vida que, poco a poco, te dieron las herramientas necesarias para reconstruirte y convertirte en una persona indomable. Y ahora esas heridas están cicatrizando. Al principio las tenías solo ocultas bajo curitas y vendajes, pero seguían sangrando. Tú sangrabas sobre otras personas y las lastimabas en lugar de amarlas, en lugar de amarte a ti mismo. Esta nueva versión tuya, con cicatrices de las que estás orgulloso, te permitirá vivir una vida iluminada por tu fuego interior, una vida que se reflejará positivamente sobre las de los demás.

Antes de que cierres este libro y emprendas definitivamente tu camino de superhéroe, quiero hacerte énfasis en tres cosas muy importantes para que sigas dominando tus superpoderes. La primera es que necesito que nunca olvides que el dolor es inevitable, pero el sufrimiento es opcional. El dolor nunca va a desaparecer de tu vida, así que debes asumir que aquello que te lastimó o la persona que te hizo daño siempre va a seguir doliéndote. Lo importante es que perdones esas situaciones y a esas personas, que hagas las paces con ellas y que decidas si lo mejor es dejarlas ir. Sea cual sea tu decisión, al final aprendes a vivir con ese dolor y dejas de sufrir, pues sabes que hiciste lo mejor para ti en ese momento.

Lo segundo que no quiero que olvides nunca es que a veces es necesario perderse para encontrarse. Siempre que te sientas perdido, vuelve a tus raíces y al mismo tiempo intenta cosas nuevas, cosas que se salgan de tu zona de confort, para probarte a ti mismo de qué estás hecho. A veces la brújula de tu vida, el fuego interior que te guía, va a apuntar hacia diferentes caminos, así que debes escuchar tus corazonadas y no tener miedo de explorar lo desconocido. Esa es la única manera de aprovechar tu vida y todas tus posibilidades para crecer y convertirte en tu mejor versión.

Y, por último, ¡ya eres un superhéroe hoy! Repítelo: soy un superhéroe. No lo pospongas para mañana, no dejes que el síndrome del impostor te desacredite, no dejes que las voces de personas que ni siquiera te conocen te digan que no vales lo suficiente, no permitas que los juicios externos te desanimen. Recuérdalo, tienes que rodearte de personas que te sumen, no que te resten. Lo que alguien opine de ti es *su* realidad, no la tuya. Cada persona puede hacer las cosas que quiera, pero solo tú decides cómo te afectan a ti. Ese superhéroe que eres siempre lo has llevado dentro de ti, solo necesitabas un poco de ayuda para despertarlo de nuevo.

Este libro ha sido tu herramienta de transformación emocional y personal para que lograras darte cuenta de lo increíble que siempre has sido, con heridas y cicatrices incluidas. Esas marcas solo cuentan tu historia y todo el valor que has tenido para vivirla y salir adelante, así que ámalas y ámate a ti mismo. Eres único y no hay nadie más como tú en la vida, ¡y precisamente eso es lo que te hace indomable! Toma todo lo que has aprendido y empieza a dejar tu legado en el mundo. Lo que has vivido hasta ahora es solo un capítulo, pero tienes el poder de escribir un libro entero y de decidir qué rumbo toma tu vida. Como superhéroe, estás comprometido a hacer el bien, a transmitir tu mensaje y a compartir tu superpoder, así que prepárate para tu aventura en esta Tierra.

¡Vuela alto y nos vemos en tu próxima misión!

Debemos encontrar el tiempo para detenernos y darles las gracias a las personas que hacen una diferencia en nuestras vidas.

JOHN F. KENNEDY

AGRADECIMIENTOS

Quiero agradecer a mi esposo Rubén por ser un pilar muy importante dentro de mi carrera profesional y personal. Siempre me ayuda a desencadenar sueños y ver que sí podemos lograrlos.

A mi hijita Regina. Ella ha llenado muchos vacíos que tenía mi corazón y me ha ayudado a sanar mis heridas. Gracias, princesita mía, por ser mi luz y guía en todo.

A mi mamá Cristina, que cada vez que la llamo a México me da su opinión, su confianza y me empodera para tomar riesgos.

Gracias a cada uno de ustedes Carrotinos e Indomables por abrirme su corazón y por abrirse a querer transformar sus vidas y enamorarse de sí mismos.

Recuerda que las heridas te marcan para siempre, pero cuando las transformas en tus superpoderes puedes cambiar tu vida y la de otros.

Te amo
Regina Carrot
Coach de Vida & Abundancia

SOBRE LA AUTORA

Regina Carrot nació en Monterrey, México, y es una de las creadoras de contenido más destacadas en el mundo digital, además de ser coach de vida, conferencista internacional, cantautora, actriz, y autora del libro *Cómo salir del Club de los Fracasados* (Aguilar, 2020).

Es la primera *millenial* en construir una plataforma de contenido motivacional tocando más de 14 millones de corazones (seguidores) en todas sus redes y transformando a más de 200 millones de personas con sus videos motivacionales, donde les enseña a amarse a sí mismos. Egresada de la Universidad de Monterrey, México, Regina estudió Mercadotecnia Internacional, obtuvo una maestría en Administración de negocios y una especialidad en Psicología positiva. Fue reconocida por el Youth Economic Forum Iberoamérica con el premio a la Excelencia Juvenil en Medios Sociales, y en diciembre de 2022 fue nombrada por Forbes México como uno de los 100 mexicanos más creativos del mundo. Actualmente reside en Los Ángeles, California, junto a su esposo y su hija.

@reginacarrot